AF762508

www.ingramcontent.com/pod-product-compliance
Lightning Source LLC
LaVergne TN
LVHW010818051026
849532LV00007B/2567
*9789369083428*

# اردو ادب: فکری پرواز

(مضامین)

مرتبہ:

مکرم نیاز

**Urdu Adab - Fikri Parvaaz** *(Literary Essays)*

by: Mukarram Niyaz

Edition: December '2025

Publisher :

*Taemeer Publications LLC* (Michigan, USA / Hyderabad, India)

ISBN 978-93-6908-342-8



| | | |
|---|---|---|
| کتاب | : | **اردو ادب : فکری پرواز** (مضامین) |
| مرتب | : | **مکرم نیاز** |
| بہ تعاون / بشکریہ | : | ncpulblog.blogspot.com |
| صنف | : | تحقیق و تنقید |
| ناشر | : | تعمیر پبلی کیشنز (حیدرآباد، انڈیا) |
| سالِ اشاعت | : | ۲۰۲۵ء |
| صفحات | : | ۱۲۰ |
| سرورق ڈیزائن | : | تعمیر ویب ڈیزائن |

# فہرست

ا

# اردو ادب وسط انیسویں صدی تک

## سید احتشام حسین

تیرہویں صدی کے اختتام تک بابا فرید گنج شکر اور ہمہ گیر شاعر امیر خسرو کی نظمیں اردو ادب کی داغ بیل ڈال چکی تھیں۔ امیر خسرو کی زبان دہلی کے قرب وجوار کی بولی کا ایک نیا روپ تھی۔ انھوں نے اس بولی کو دہلوی کا نام دیا۔ لیکن بعد میں اس کا نام کھڑی بولی پڑ گیا۔ یہ اس وقت کی بات ہے جب کہ جنوبی ہند کے دہلی راج کے تحت چلے جانے سے دہلی کے راج دربار سے فوجی، صوفی، فقیر، تاجر اور آفیسر وہاں گئے اور شمالی ہندوستان کی بول چال کی زبان بھی اپنے ساتھ لیتے گئے۔ کئی تاریخی قوتوں نے دہلی کے علاقے میں بولی جانے والی زبان کا مرکز جنوبی ہند کو بنا دیا۔ آہستہ آہستہ یہ دکن اور گجرات میں پھیل گئی۔ شمال میں یہ صرف بول چال کی زبان رہی لیکن جنوب میں اس کا ادبی روپ نکھرنے لگا اور اسے مختلف نام مثلاً ہندی، ہندوی، دکھنی اور گجری وغیرہ دیے گئے۔ بہمنی سلطنت اور بعد میں گول کنڈہ اور بیجاپور کی ریاستوں میں اس کی خوب نشوونما ہوئی۔ صوفی امن و عبادت کا پیغام عام فہم زبان میں دیتے تھے۔ بادشاہ اس کی سرپرستی کرتے تھے اور اس زبان میں نظمیں کہتے تھے۔ اس لیے ظاہر ہے کہ قدیم اردو دکن میں بہت مقبول ہوئی اور دہلی کے مشہور صوفی بزرگ خواجہ گیسو دراز نے، جو گلبرگہ چلے گئے تھے ۱۴۲۰ سے قبل،

تصوف پر اپنا مشہور رسالہ "معراج العاشقین" لکھا۔ یہ بات بھی قابل ذکر ہے کہ بیجاپور، گول کنڈہ اور احمد نگر میں صوفیوں نے پندرہویں اور سولہویں صدی میں صوفیانہ نظمیں اور کتابیں لکھیں۔ یہ سب کچھ شمال میں اردو کی جاے پیدائش سے بہت دور مقامات پر ہو رہا تھا۔

دکھنی اردو نے ۱۶۰۰ کے قریب بیجاپور اور گول کنڈہ میں خوب ترقی کی۔ بیجاپور کے ابراہیم عادل شاہ نے ۱۵۹۹ کے لگ بھگ اپنا مجموعۂ کلام "نورس" تیار کیا۔ انھیں نہ صرف قدیم اردو بلکہ برج بھاشا پر بھی دسترس تھی۔ یہ کتاب ہندوستانی موسیقی کی بہترین روایات سے خوشہ چینی کرتی ہے۔ ان کے دور میں فارسی زبان کے عالموں اور شاعروں کے علاوہ اردو کے شاعروں مثلاً مقیمی اور امین نے خوب ترقی کی۔ بعد میں بیجاپور میں بہت سے اردو شاعر ہوئے جن میں ہاشمی، رستمی اور نصرتی کے نام اہم ہیں۔ گول کنڈہ میں بھی حالات اس سے مختلف نہ تھے۔ وہاں محمد قلی قطب شاہ نے، جنھوں نے ۱۶۱۱ تک حکومت کی، ایک لاکھ سے زیادہ شعر کہے جن میں انھوں نے اپنے مذہبی اور روحانی حالات کا اظہار کیا۔ ان کی نظموں میں ہمیں ایک حقیقی ہندوستانی بادشاہ کے دل کی دھڑکنوں کی آواز سنائی دیتی ہے۔ انھیں ہندوستان کے موسم، پھول پھل اور تیوہار جیسے بسنت، ہولی اور دیوالی بہت پسند تھے۔ ان کے دربار میں اردو کے کئی اچھے شاعر موجود تھے۔ جن میں ملا وجہی کا نام، جنھیں نظم اور نثر دونوں پر عبور حاصل تھا، درخشاں ہے۔ ان کی نثر کی کتاب "سب رس" اور نظم "قطب مشتری" کے مقابلے میں کتابیں آج بھی نہیں ملتیں۔ محمد قلی قطب شاہ کے بھتیجے عبداللہ، ان کے پوتے محمد اور محمد کے صاحبزادے ابوالحسن اچھے شاعر تھے اور شاہی خاندان کے باہر غواصی اور ابن نشاطی جیسے اعلیٰ شاعر ہوئے۔

سنہ ۱۶۸۷ میں اورنگ زیب نے دکن کی سلطنتوں کو ختم کر دیا۔ لیکن ادبی ترقی کا سلسلہ جاری رہا۔ اس وقت تک اردو میں نہ صرف اعلیٰ درجے کی صوفیانہ اور مذہبی شاعری تھی بلکہ "نورس"، محمد قلی قطب شاہ کی تصانیف، "سب رس"، "قطب مشتری"، "پھول بن"، "سیف الملوک"، "طوطی نامہ"، "علی نامہ"، "گلشن عشق" اور "یوسف زلیخا" جیسی بلند پایہ غیر مذہبی کتابیں بھی لکھی جا چکی تھیں۔

اٹھارویں صدی کے آغاز میں جب کہ ولی دکنی کا طوطی بول رہا تھا، شمالی ہند میں بھی اس زبان میں شعر و شاعری ہونے لگی جو کہ پانچ سو سال سے وہاں نشو و نما پا رہی تھی۔ فارسی کا طلسم ٹوٹ رہا تھا اور ایسا وقت آنے لگا تھا جب کہ شاعر محسوس کرنے لگے کہ انھیں عام بول چال کی زبان میں اپنے ادبی خیالات کا اظہار کرنا چاہیے۔ دکن کے شاعروں کی مثال اردو میں شعر کہنے کے لیے ان کا حوصلہ بڑھا رہی تھی۔ اردو شاعری کا مرکز جنوبی ہند کے بجائے شمالی ہندوستان بن گیا۔ لیکن یہ بات یاد رہے کہ جس وقت دہلی کی اہمیت بڑھ رہی تھی، اس وقت بھی دکن میں ولی، بحری اور سراج جیسے عظیم شاعر موجود تھے اور صوفیانہ اور عشقیہ اور بیانیہ شاعری میں ان کی کامیابیوں کا شمالی ہندوستان میں اردو شاعری پر گہرا اثر پڑا۔

دہلی کے ابتدائی دور میں جان جاناں، خان آرزو، فائز، آبرو، ناجی، مظہر، یک رنگ، انجام اور مضمون کے نام قابل ذکر ہیں۔ ان میں آرزو، مظہر اور فائز نئے مکتب خیال کے روح و رواں تھے۔ نادر شاہ کے ہاتھوں دہلی کی لوٹ کھسوٹ کے باجود شاعروں کی پوری نسل وہاں مقیم رہی اور انھوں نے ہندوستان میں پھیلتی ہوئی زبان کو مالا مال کیا۔ جاگیر دارانہ دور ختم ہو رہا تھا اور مغلوں کی عظیم سلطنت چھوٹی چھوٹی نیم آزاد ریاستوں میں بٹ رہی تھی۔ اس صورت حال نے ان شاعروں کو، جنھیں تاریخ کے دھارے کا علم

نہیں تھا، الجھن میں ڈال دیا۔ اس لیے اس دور کی تخلیقی نگارشات میں الم ناک خلوص جھلکتا ہے۔ دہلی کے مکتب خیال کے ابتدائی دور میں یہ شاعر اہم تھے لیکن اسی دور میں اردو کے عظیم ترین شاعر پیدا ہوئے جنھوں نے کئی ادبی اصناف کی نشو ونما کر کے اردو ادب کے دامن کو وسیع کیا۔ وہ ہیں خواجہ میر درد، مرزا محمد رفیع سودا اور میر تقی میر۔

اردو کے صوفی شعرا میں سب سے زیادہ اہم شاعر خواجہ میر درد نے زیادہ تر غزلیں کہیں۔ انھیں زبان پر کامل عبور حاصل تھا۔ سودا کو کئی اصناف پر عبور حاصل تھا۔ وہ اردو کے ہمہ گیر شاعر سمجھے جاتے ہیں۔ اس کے علاوہ ان کا شمار اب بھی بہترین طنز نگاروں میں ہوتا ہے۔ وہ افراد، سماجی افراتفری، اور اخلاقی بے راہ روی پر بھرپور طنز کرتے ہیں۔ انھوں نے مرثیے کو بھی ادب کا ایک حصہ بنا دیا۔ اس طرح سودا کا مقابلہ فارسی کے بڑے شاعروں سے بہ آسانی کیا جا سکتا ہے جنھوں نے کچھ اصناف میں مشعل راہ کا کام کیا۔

میر تقی میر کا تعلق اکبر آباد کے ایک عالم صوفی خاندان سے تھا۔ بچپن سے ہی ان پر صوفیوں کی انسان دوستی اور عقیدے کی پابندیوں سے آزاد رہنے کی روایات کا گہرا اثر تھا۔ ابھی وہ گیارہ سال کے ہی تھے کہ ان کے والد وفات پا گئے اور انھیں سوتیلے بھائیوں اور رشتے داروں سے ٹھوکریں کھانے کے لیے تنہا چھوڑ گئے۔ اس لیے انھوں نے مشکلات کی گود ہی میں تعلیم و تربیت پائی۔ جو کوئی بھی تنقیدی نگاہ سے ان کی شاعری پڑھے گا وہ اس میں انسان کی مشکلات کو سر کرنے کے لیے جدوجہد اور ناکامی کے جذبات کو بھانپ لے گا۔ میر نے اپنی نظموں میں انسان کے ظلم اور قدرت کی زیادتیوں کے خلاف آواز اٹھائی۔ ان کی شاعری کا بہترین حصہ غزلیں ہیں جن میں مٹھاس، خلوص، فن، اور تاثیر کوٹ کوٹ کر بھری ہے۔ فارسی تصانیف کے علاوہ ان کے خود نوشت سوانح حیات اور اردو کلام کے چھ دیوان ہیں۔

اس وقت تک دہلی کی سلطنت کا شیرازہ بھی بکھر گیا تھا اور بہت سی چھوٹی چھوٹی ریاستیں بن گئی تھیں جن کے والیان عالموں، شاعروں اور فن کاروں کی سرپرستی میں ایک دوسرے سے آگے بڑھنے کی کوشش میں رہتے تھے۔ ان ریاستوں میں فرخ آباد، ٹانڈہ (ضلع بریلی)، اودھ، عظیم آباد (پٹنہ)، حیدرآباد اور بعد میں رام پور کے نام قابل ذکر ہیں۔

دہلی میں حالات خراب ہو جانے کی وجہ سے کچھ شاعروں نے دوسرے مقامات کا رخ کیا۔ فغاں، میر ضاحک، سودا، میر سوز، میر اور چند سال بعد مصحفی، جرأت اور انشا لکھنؤ گئے اور وہاں انھیں بہت عزت ملی۔ ان شاعروں کے لکھنؤ چلے جانے سے وہاں علم و ادب کا ایک نیا مرکز بن گیا۔ انشا (جنھیں زبانوں اور ادبی روایات کا علم تھا) کی شاعری میں نادر نمونے ملتے ہیں۔ مصحفی بھی بہت بڑے عالم تھے اور انھوں نے تنگ دستی اور غربت کے باجود آٹھ شعری مجموعے لکھے۔ انشا پہلے عالم تھے جنھوں نے اردو زبان کی لسانی خوبیوں اور ادائیگی کی خصوصیتوں پر فارسی زبان میں " دریاے لطافت" نام کی کتاب لکھی۔ اسی زمانے میں میر ضاحک کے بیٹے میر حسن کا خوب بول بالا تھا۔ انھوں نے بیانیہ نظموں اور غزلوں کے مجموعوں کے علاوہ بہترین اردو مثنوی "سحر البیان" لکھی۔

لکھنؤ کے مکتبۂ خیال کے نئے شاعروں کے تذکرے سے پیشتر عوام کے عظیم شاعر نظیر اکبر آبادی کا ذکر ضروری ہے، جن کی شاعری میں ہندوستان کی روزمرہ کی زندگی کی جھلکیاں دکھائی اور دھڑکنیں سنائی دیتی ہیں۔ حیدر آباد، بھرت پور اور اودھ کے شاہی درباروں کے دعوت ناموں کو ٹھکرا کر نظیر نے ایک معمولی معلم کی حیثیت سے آگرے کے لوگوں کے درمیان رہنا ہی گوارا کیا۔ نظیر آدرش وادی نہیں تھے۔ ہمیشہ ان کی نظر زندگی کی حقیقتوں پر رہتی تھی۔ انھوں نے عام لوگوں کے مسائل بھوک، عشق، اور

اقتصادی ضروریات وغیرہ کو اپنی شاعری کا موضوع بنایا۔ وہ ہندوؤں، مسلمانوں اور سکھوں کے تیوہاروں میں دل کھول کر حصہ لیتے تھے۔ انھوں نے کرشن جی، مہادیو جی، نرسی بھگت اور گرونانک پر درجنوں نظمیں کہی ہیں۔ ان کی زبان لکھنؤ اور دہلی کے شاعروں کی زبان کی طرح شستہ نہیں ہوتی تھی۔ لیکن ان کے موضوعات اور زبان میں مطابقت ضرور تھی۔ ان کی زبان عوام کے ذوق کی کسوٹی پر پوری اترتی تھی۔

اب تک لکھنؤ، ادب کا اہم مرکز بن چکا تھا اور ناسخ و آتش لکھنؤ کے اس دور کے مشہور ترین شاعر تھے۔ زبان اور علم عروض پر عبور حاصل ہونے سے ناسخ کی ادب کے میدان میں ڈکٹیٹر کی سی حیثیت تھی اور انھوں نے دہلی کے شاعروں پر بھی اثر ڈالا۔ اس دور کی بہترین تخلیقات میں سے آتش کے شاگرد پنڈت دیا شنکر نسیم کی "مثنوی گلزار نسیم" ہے۔ جنھوں نے لکھنؤ کے طرز بیان اور محاورے کو فنکارانہ چابک دستی سے استعمال کیا۔

لکھنؤ کی کامیابیوں کا بیان نامکمل رہ جائے گا اگر انیسویں صدی کے وسط کے دو عظیم مرثیہ گو شاعروں میر انیس اور مرزا دبیر کا ذکر نہ کیا جائے۔ میر انیس نے زبان پر عبور، تخیل کی بلند پروازی اور وسیع علم کو مرثیہ نگاری میں خوب استعمال کیا اور ان کے مرثیوں میں رزمیہ اور المیہ کا عجیب امتزاج ملتا ہے۔ مرزا دبیر جو کہ اتنے ہی مشہور تھے، ان کی بلندیوں کو نہ چھو سکے۔

امانت کی "اندر سبھا" نے اوپیرا کی صورت میں شاعری میں اضافے کیے۔ اگرچہ لکھنؤ کی شان و شوکت نے کچھ عرصے کے لیے دہلی کو پس پشت ڈال دیا تھا لیکن ۱۸۵۷ کے انقلاب میں تباہ و برباد ہونے سے پہلے دہلی نے اردو کے عظیم ترین شاعروں میں چند کو جنم دیا۔ ذوق، مومن، بہادر شاہ ظفر، شیفتہ اور غالب تمام اسی دور کے ہیں۔ یہاں ان

تمام شعرا کی کامیابیوں پر تفصیل سے بحث کرنا ممکن نہیں، لیکن پھر بھی اردو شاعری کے سب سے بیش بہا اور تاب ناک موتی مرزا غالب کا ذکر ضروری ہے۔ انسان کے دل کی گہرائیوں پر نظر، اس کے مسائل کے متعلق فلسفیانہ رویے، زندگی اور موت کے اسرار کے علم اور خیالات کو چابکدستی سے فن کا جامہ پہنانے کی صلاحیت کی وجہ سے وہ اردو ادب کے عظیم ترین شاعر ہیں۔

انیسویں صدی کے وسط میں اردو ادب کا جدید دور شروع ہونے سے پیشتر اردو شاعری میں غزل، مثنوی، قصیدہ اور مرثیہ جیسے کلاسیکی اصناف میں کمال حاصل کیا جاچکا تھا۔

جیسا کہ پہلے بیان کیا جاچکا ہے اردو نثر کی پہلی کتاب پندرہویں صدی میں خواجہ گیسو دراز کی تصنیف "معراج العاشقین" تھی۔ بعد میں دکن میں اردو نثر کی اور کئی کتابیں لکھی گئیں جن میں ملا وجہی کی تصنیف اعلیٰ ترین مانی جاتی ہے۔ قدرتی طور پر ابتدا کی زیادہ تر تصانیف مذہبی تھیں لیکن ۱۷۷۵ کے آس پاس اٹاوہ کے میر حسین عطا تحسین نے "نوطرز مرصع" نام کی کتاب لکھی۔ اس کتاب میں فارسی کی کتاب سے ماخوذ چہار درویش کا قصہ بیان کیا گیا تھا۔ اسی اثنا میں عیسائی مشنریوں، یورپی تاجروں اور ایسٹ انڈیا کمپنی کے ملازموں نے اردو کی گرامر پڑھ لی تھی۔ انھوں نے اس زبان کو انڈک، انڈوستانی یا ہندوستانی کا نام دیا اور وہ اسے ہندوستان کی عوامی زبان سمجھتے تھے۔ انھوں نے اس زبان کے متعلق کچھ کتابیں لکھیں اور اسے مقبول بنانے کی کوشش کی۔

انگریزوں نے سمجھ لیا تھا کہ اس وسیع ملک کی زبان سیکھے بغیر گذارہ کرنا مشکل ہے اور اپنے افسروں کو اردو پڑھانے کے لیے انھوں نے ۱۸۰۰ میں فورٹ ولیم کالج قائم کیا۔ اس کالج نے اپنے قیام کے پہلے دس سال میں اردو کی کچھ اہم کتابیں شائع کیں۔ اگرچہ

اس کالج سے عام لوگوں کا کوئی تعلق نہ تھا لیکن پھر بھی اس کے اثرات اورزبان میں اضافے کی اہمیت سے انکار نہیں کیا جاسکتا۔ میر امن کی "باغ و بہار"، شیر علی افسوس کی "آرائش محفل"، حیدر بخش حیدری کی "حاتم طائی"، کاظم علی جوان کی "سنگھاسن بتیسی "اور" شکنتلا "اور نہال چند کی" مذہب عشق" وغیرہ آج بھی اردو ادب کے خزانے میں بیش بہا موتی ہیں۔

انشا نے، جن کا ذکر پہلے بطور شاعر کیا جاچکا ہے، ہندوستانی نثر میں ایک کتاب "رانی کیتکی کی کہانی" لکھی، جس میں عربی اور فارسی الفاظ کا استعمال نہیں کیا گیا تھا۔ اس کتاب پر ہندی اور اردو دونوں زبانیں اپنا حق جتاتی ہیں۔ انیسویں صدی کے پہلے تیس سال میں چھاپے خانے قائم ہو جانے کی وجہ سے اردو نثر نے کافی ترقی کی۔ ۱۸۲۴ میں رجب علی بیگ سرور نے اردو نثر کی مشہور ترین کتابوں میں سے ایک کتاب "فسانۂ عجائب" مرصع طرز پر لکھی۔ اسے اردو نثر میں لکھنؤ کا پہلا قابل قدر اضافہ سمجھا جاتا ہے۔ اس کے پس منظر میں لکھنؤ کے اس دور کی زندگی نمایاں ہے اور اس کتاب کی سماجی افادیت کو نظر انداز نہیں کیا جاسکتا۔

مرزا غالب نے وفات پانے سے قبل بیس سال تک شستہ اور خوبصورت نثر لکھی۔ دوستوں، شاگردوں، مداحوں اور سرپرستوں کو لکھے ہوئے ان کے خطوط میں مختلف ادبی، فلسفیانہ، مذہبی، سماجی اور تاریخی مسائل پر بحث کی گئی ہے۔ کچھ نقاد انھیں جدید اردو نثر کا پیش رو مانتے ہیں۔

اس مختصر بیان سے ظاہر ہے کہ قدیم اردو نثر میں مغربی ٹکنیک کے مطابق لکھے ہوئے ڈرامے، ناول اور افسانے کے علاوہ ادب اور علم کے ہر شعبہ پر تصانیف موجود ہیں۔ جہاں تک سائنٹفک نثر کا تعلق ہے، ۱۸۴۴ میں قائم شدہ دہلی کالج کی ورناکیولر

ٹرانسلیشن (Vernacular Translation Society) سوسائٹی نے سائنس، علم ریاضی، قانون، تاریخ اور جغرافیہ پر ایک سو پچاس سے زیادہ کتابیں شائع کیں۔ اردو ادب کے جدید دور کے آغاز سے قبل اردو ادب تاریخ کے دھارے کے زیر اثر ترقی پذیر رہا۔ اس دور کے اردو ادب میں انسان کی اخلاقی اصلاح، انسانیت کی وحدت اور علم کی ترویج پر زور دیا گیا۔

***

۲

# اردو زبان و ادب کی ترویج میں سائبر سماج کا حصہ

## ڈاکٹر خان محمد آصف

ہم جس دور میں سانس لے رہے ہیں وہ نت نئی ایجادات و اختراعات کا دور ہے۔ جو چیزیں آج تک طلسماتی اور قولِ محال سمجھی جاتی تھیں، سائنس و ٹکنالوجی نے انھیں سچ کر دکھایا۔ موجودہ عہد میں انٹر نیٹ انسان کی روز مرہ زندگی کا جزو لاینفک بن چکا ہے۔ ماضی کا انسان اپنے خیالات و جذبات کا بیان خطوط سے کیا کرتا تھا۔ اس کے بر عکس آج بلاگس، ٹوئیٹر اور واٹس اپ کے ذریعے پیغام کی بآسانی ترسیل کی جا سکتی ہے۔ انٹرنیٹ کے اثرات نے کائنات کے حجم کو سمیٹ کر گلوبل ولیج میں تبدیل کر دیا ہے۔ اطلاعاتی انقلاب نے کائناتی نظام کو سائبر اتیج میں منتقل کر دیا ہے، جہاں معلومات کا لامتناہی انبار ہے۔ اس سائبر اسپیس میں ڈیجیٹل لائبریریز، انسائیکلوپیڈیا، اخبارات و رسائل، ویب سائٹس، بلاگز اور ای کتب موجود ہیں، جو اردو زبان و ادب کے فروغ میں کارہائے نمایاں انجام دے رہی ہیں اور اردو کی لسانی، تہذیبی اور ثقافتی قدروں کو روایتی محبان اردو کے علاوہ ان حلقوں سے جوڑ رہی ہیں، جو بالعموم اردو والوں میں شمار نہیں کیے جاتے۔ تو دوسری طرف انٹر نیٹ نے اردو رسم الخط کے تحفظ کے ساتھ ساتھ اس کی ترویج و اشاعت میں مثبت کردار ادا کیا۔ محبان اردو کو اس بات کا غم کھائے جا رہا تھا کہ اگر اردو کو سوشل نیٹ ورکنگ سے

نہیں جوڑا گیا تو اردو زبان و ادب کا تہذیبی و ثقافتی اثاثہ ٹکنالوجی کی تیز رفتار اور چکا چوند دنیا میں دھند پڑ جائے گا۔ اردو کے شیدائیوں کے اسی لگن اور جذبے نے زبان کو نئی ٹکنالوجی سے ہم آہنگ کیا اور انھوں نے اپنی اس کوشش کو عملی جامہ پہنانے کے لیے ذاتی سرمایہ لگانے سے بھی گریز نہیں کیا۔ یہ انھیں کی محنتوں کا ثمرہ ہے کہ آج انٹرنیٹ پر اردو ڈیجیٹل لائبریریز اور کئی اہم ادبی، تہذیبی، ثقافتی اور تعلیمی سائٹس موجود ہیں۔ اس مقالے میں اردو کی انھی ویب سائٹس اور بلاگز کا تجزیاتی و تنقیدی مطالعہ کیا گیا ہے، جو اردو زبان و ادب کے فروغ میں مثبت کردار ادا کر رہے ہیں۔ تاکہ اردو زبان اپنے رسم الخط کے ساتھ محفوظ ہو جائے۔ اردو کی ان ویب سائٹس کا مقصد جہاں زبان و ادب اور تہذیب و ثقافت کی ترویج و اشاعت ہے، وہیں نئی نسل کے اندر صالح اقدار کو پروان چڑھانا بھی ہے تاکہ ادبی ذوق رکھنے والوں کا ایک ایسا حلقہ وجود میں آئے جو اپنے ذوق کی تسکین ان ویب سائٹس کے ذریعے کر سکے۔ میری خواہش تھی کہ اپنے مضمون میں ان تمام ویب سائٹس کا تجزیہ و تعارف پیش کروں، جو اردو کے فروغ میں کام کر رہی ہیں۔ لیکن طوالت کی وجہ سے ایسا ممکن نہ ہو سکا۔ اس لیے صرف انھی ویب سائٹس کو اپنے مضمون کے لیے منتخب کیا جو اردو ادب کے طالب علموں، ریسرچ اسکالروں اور روایتی اور غیر روایتی محبان اردو کے ذوق کی تسکین کا ذریعہ ہیں۔

بہار اردو یوتھ فورم ڈاٹ آرگ کا قیام ۲۰۰۹ میں عمل میں آیا اس ویب سائٹ کا مقصد بالعموم اردو زبان و ادب اور بالخصوص بہار کے اردو تخلیق کاروں کے فن پاروں کو انٹرنیٹ کے ذریعے فروغ دینا تھا۔ پچھلے آٹھ سالوں سے یہ ویب سائٹ اردو کی ترویج و اشاعت کے لیے بھرپور کوشش کر رہی ہے جس کے نتیجے میں اب تک قومی و بین الاقوامی سطح پر ایک کروڑ سے زیادہ وزیٹرس اس سائٹ کی سیاحت کر چکے ہیں۔ اس ویب

سائٹ پر ہند و پاک کے علاوہ اردو کی نئی بستیوں کے شاعروں اور ادیبوں کی تخلیقات کا مطالعہ کیا جا سکتا ہے۔ اس فورم کی اہمیت اردو دنیا میں اس وجہ سے مسلم ہے کہ اس پر شعرا و ادبا کے نام باعتبار حروف تہجی دیے گئے ہیں جس کے سبب ویب سائٹ کی شہرت و مقبولیت میں اضافہ ہوا اور اردو کے اسکالرس اور شائقین کو یہ آسانی ہوئی کہ وہ اپنے پسندیدہ شاعر و ادیب تک بلا کسی ٹکنیکل روک ٹوک کے پہنچ سکیں۔

بہار اردو یوتھ فورم نے اپنی ویب سائٹ کو دیدہ زیب اور پر کشش بنانے کے لیے ۱۴۳۱ شعرا کی ڈیزائن پوسٹرز تیار کی ہے، اس کے علاوہ قاری کی دلچسپی کو ذہن میں رکھتے ہوئے افسانے، افسانچے، پوپ کہانیاں، مِنی افسانے کو جدید گرافک ڈیزائن سے مزین کر کے سائبر سماج کا حصہ بنایا۔ جس نے انٹرنٹ کی دنیا میں ایک ایسا انقلاب برپا کیا، جسے تاریخ ادب اردو کبھی فراموش نہیں کر سکتی۔ اردو ادب کی تاریخ میں اس فورم کی اہمیت سنگ میل کی رہے گی۔ اسی طرح ۲۵۸ کہانی کاروں کے ۸۹۶ افسانوی متون ڈیزائن کے ساتھ موجود ہیں۔ ادبی متن کے علاوہ انسانی شعبہ ہائے زندگی سے متعلق کل مضامین کی تعداد ۴۰۱۴ ہے۔ قارئین کو تلاش و جستجو میں کسی قسم کی پریشانی کا سامنا نہ کرنا پڑے اس کے لیے مضمون نگاروں کے نام حروف تہجی میں دیے گئے ہیں۔ اس ویب سائٹ کو عالمی شہرت اس وجہ سے بھی حاصل ہے کہ اس پر ویزیٹرس کی پسند اور ضرورت کے متعلق مضامین وافر مقدار میں موجود ہیں۔ جن میں تعلیمی، اسلامی، سیاسی، ادبی، اسپورٹس اور خواتین و اطفال پر مضامین قابل ذکر ہیں، جن کی الگ الگ فہرست ہے تاکہ قاری کو پریشانی نہ ہو۔ تعلیمی مضامین کی کل تعداد ۲۸۱ ہے جس میں کمپیوٹر پر ۱۱، علم و فن پر ۶۵، معلوماتی باتیں ۱۶۲، مسلم معاشرے پر ۳۶، تعلیم کی اہمیت پر ۷ مضامین شامل ہیں۔ ادبی مضامین کی کل تعداد ۲۲۵۱ ہے آپ بیتی پر ۷۶، ادبی خبریں ۴۰۵، ادبی گوشہ

۳۶۰، افسانے ۳۸، غزلیں ۳۷، انٹرویوز ۲۱، لمحہ فکر ۲۳۸، مزاحیہ مضامین ۴۱، شخصیات ۴۰۲، شاعری ۳۷، تجزیاتی مطالعہ ۱۷۹، تیشۂ فکر پر ۳۳۲ مضامین شامل ہیں۔

اردو کے عام قاری کو اپنی طرف متوجہ کرنے کے لیے خاصی تعداد میں ایسے مضامین اپلوڈ کیے گئے ہیں جن کا تعلق نسائی حسن و ہستی سے ہے جیسے مضامین برائے نسواں جس کی کل تعداد ۱۸۹ ہے۔ اس میں خوبصورتی پر ۶، خواتین کے لیے ۶۶، امور خانہ داری سے متعلق ۹۴ اور خواتین کے صفحات کے نام پر ۲۳ مضامین شامل ہیں۔ اسلامی مضامین کی کل تعداد ۳۶۸ ہے اسلامی تعلیمات پر ۴۷، اسلامیات ۲۲۹، بزرگان دین کے حالات زندگی پر ۳۳ اور محمد عربی کی باتیں کے عنوان سے ۳۲ مضامین شامل ہیں۔ حالات حاضرہ پر ۵۰۵ مضامین ہیں جن میں بنگلہ دیش پر ۹، ہندستان پر ۳۶۵، پاکستان پر ۴۷، ساوتھ ایشیا پر ۸۰ اور عالمی سطح کے ۸۰ مضامین شامل ہیں۔ مضامین برائے اطفال کی کل تعداد ۷۷ ہے جن میں بچوں کے لیے اصلاحی مضامین ۱۴، بچوں کی کہانیاں ۴۹ اور بچوں کی نظمیں ۱۴ شامل ہیں۔ فلمستان کی زرق برق دنیا اور ہیرو ہیروئن کے افیئرس پر ۳۹ مضامین ہیں جو فلمی شائقین کے لیے بڑا تحفہ ہے۔ سیاسی مضامین کی کل تعداد ۱۹۳ ہے جس میں قومی سطح کے مضامین ۵۴، ریاستی سطح کے ۷۲ اور ۲۰۱۴ کے عام انتخاب کے متعلق ۶۷ مضامین شامل ہیں۔ اس کے علاوہ اسپورٹس کی خبروں پر مشتمل مضامین کی تعداد ۳۸ ہے۔

بہار اردو یوتھ فورم کی ویب سائٹ پر معروف شخصیات، شعرا و ادبا کی ۶۱۲ ویڈیوز بھی ہیں جنھیں آپ بآسانی دیکھ اور سن کر لطف اندوز ہو سکتے ہیں۔ اس ویب سائٹ کا مقصد جہاں نئی نسل کو صالح اقدار عطا کرنا ہے وہیں ان کے اندر اردو زبان و ادب کے تہذیبی ورثے کو ان کے حوالے کرنا ہے تاکہ نئی نسل اردو کی شیرینی کے ساتھ اس کی

ثقافت کو اپنے اندر سمو سکے۔ اس کے لیے انٹرنیٹ سے بہترین کوئی ذریعہ نہیں جس سے آج کی نسل پوری طرح ہم آہنگ ہے۔ لائق مبارک باد ہیں جاوید محمود صاحب جنھوں نے اردو ادب کے فروغ کے لیے انٹرنیٹ کو میڈیم کے طور پر انتخاب کیا اور اردو کے شعری اور نثری سرمائے کو اس کے وقار اور معیار کے ساتھ نئی ٹکنالوجی سے جوڑا۔

ریختہ ڈاٹ او آر جی کا بنیادی مقصد سائبر دنیا میں اردو کی شعری اصناف کو معیاری اور مستند متن کے ساتھ پیش کرنا ہے تاکہ قاری و سامع اردو تہذیب کے ساتھ صحیح تلفظ سے واقف ہو سکے۔ اس ویب سائٹ پر معروف و مقبول شعرا و ادبا کی تخلیقات کو اردو کے علاوہ دیوناگری اور رومن رسم الخط میں بھی آن لائن مہیا کیا گیا ہے۔ چوں کہ غیر روایتی محبان اردو زبان کی چاشنی اور شرینی سے محظوظ ہوتے ہی ہیں لیکن اردو ادب اور بالخصوص شعری متن کی معنیاتی تفہیم سے نابلد ہوتے ہیں۔ ریختہ نے اردو ادب کے فہم کو فروغ دینے اور اس کے رس کو عقیدت مندانِ اردو تک پہنچانے کے لیے مشہور شعرا کے کلام کو ان کی اپنی آواز میں پیش کیا ہے۔ مقصد یہ ہے کہ سامعین و ناظرین کلام کے ساتھ ساتھ شاعروں کے صوتی آہنگ سے بھی لطف اندوز ہوں۔ جن شعرا کا آڈیو یا ویڈیو دستیاب نہ ہو سکا ان کے کلام کو عصر حاضر کے معروف شاعروں اور زبان کے ماہرین کی آواز میں محفوظ کیا گیا۔ جو ویب سائٹ پر دستیاب ہے۔ تاکہ سامع و ناظر شعری وزن و آہنگ سے حظ اٹھا سکیں۔

ریختہ کا اپنا ایک اسٹوڈیو ہے جس میں اردو کے ممتاز ادیبوں، شاعروں اور ناقدین سے انٹرویوز لیے جاتے ہیں۔ جس میں ہند و پاک کے نئی نسل کے شعرا و ادبا کے علاوہ بزرگ ادیبوں سے بھی استفادہ کیا جاتا ہے۔ ان انٹرویوز کا مقصد شاعروں اور ادیبوں کی آرا سے سامعین کو واقف کرانا ہوتا ہے تاکہ اس تیز رفتار دنیا کے بدلتے تہذیبی و ثقافتی

رجحان میں شعر و ادب کی تفہیم ممکن ہو سکے۔ اس کے علاوہ ریختہ پر موضوعاتی اشعار کا ای۔ بینک بھی موجود ہے جس میں قاری اپنے پسندیدہ موضوع کے تحت اشعار کا انتخاب کر سکتا ہے اور اپنے عزیزوں کے ساتھ اسے شئیر بھی کر سکتا ہے۔ حال ہی میں ریختہ نے علم عروض پر آسان اور عام فہم زبان میں لیکچر سیریز شروع کی ہے تاکہ شعری ذوق و شوق رکھنے والے حضرات اشعار بحروں اور اس کے اصول و اوزان سے واقف ہو سکیں۔ ریختہ پر خصوصی گوشے کے تحت لیجنڈ ادبا و شعرا کی تخلیقات پیش کی گئی ہیں جن میں قابل ذکر میر تقی میر، اسد اللہ خاں غالب اور سعادت حسن منٹو ہیں۔

ریختہ فاونڈیشن کے بانی سنجیو صراف کے بقول "ریختہ دراصل محبتوں کا پھول ہے جس کی خوشبو آج دنیا کے ۱۵۴ ملکوں تک پہنچ چکی ہے۔" سائبر اسپیس میں ریختہ کی مقبولیت اور اہمیت کا اعتراف کرتے ہوئے اس کے پہلے یوم تاسیس پر پروفیسر اختر الواسع نے کہا تھا کہ "اگر پچھلی صدی چھپے ہوئے حرف کی حرمتوں واشاعت کے حوالے سے منشی نول کشور کی صدی تھی تو سائبر انقلاب کے زمانے میں یہ سنجیو صراف کی صدی کہلائے گی۔" ریختہ ڈاٹ او آر جی کی ادبی حلقے میں مقبولیت اور کامیابی کو مد نظر رکھتے ہوئے اسے کمپیوٹر اسکرین کے ساتھ ساتھ موبائل اسکرین پر بھی دستیاب کرایا گیا ہے۔ اس صورت میں ایسی ہائی ٹیک ٹکنالوجی کا استعمال کیا گیا ہے جس سے ویب سائٹ پر موجود شعرا کا کلام، ای۔ بکس اور دیگر تمام آڈیوز اور ویڈیوز کو موبائل اسکرین پر بھی پڑھ، سنے اور دیکھے جا سکیں گے۔ ریختہ نے اردو ادب کی خوشبو کو نئی نسل تک پہنچانے کا جو ہائی ٹیک طریقہ اپنایا ہے اس کی جتنی تعریف کی جائے کم ہے۔

اردو سے متعلق انٹرنیٹ کی دنیا میں 'اردو ویب ڈیجیٹل لائبریری' کی اپنی الگ پہچان ہے اس کا مقصد اردو زبان و ادب کے بیش بہا، کم یاب اور نایاب سرمائے کو محفوظ

کرنا، اسے معدوم ہونے سے بچانا بھی ہے تا کہ آنے والی نسل کے لیے اس کی رسائی آسان ہوسکے اور اردو زبان کے موجودہ مواد کو انٹرنیٹ کے ذریعے عوام تک بآسانی پہنچایا جاسکے۔ یہ ایک ایسی آن لائن لائبریری ہے جو کاپی رائٹ سے آزاد اپنے قاری کو ادبی اور تدریسی مواد فراہم کرتی رہے، کتابوں کا یہ ایک ایسا پلیٹ فارم ہے جہاں سے علم و ادب کے چشمے پھوٹتے ہیں۔ علمی ذوق رکھنے والے، محققین اور علم کی تلاش و جستجو میں سرگرداں رہنے والوں کے لیے یہ آن لائن ڈیجیٹل لائبریری اولین مستند حوالے کی حیثیت سے جانی جاتی ہے۔ ڈیجیٹل لائبریری میں شامل متون سے آپ پوری طرح استفادہ کرسکتے ہیں بس شرط یہ ہے کہ اگر اس متن کو اپنی تحریر میں حوالے کے لیے استعمال کرنا چاہتے ہیں تو اردو ویب ڈیجیٹل کا حوالہ اور نام ضرور دیں۔ تا کہ سند رہے۔

'اردو کی برقی کتابیں ڈاٹ کام' اردو کی برقی کتابوں کی نشر و اشاعت اور ترویج میں فعال کردار ادا کر رہا ہے۔ یہ ویب سائٹ اردو کی مفت برقی کتابوں کا مطبع ہے جہاں کتابیں برقی شکل میں شائع ہوتی ہیں۔ کتابوں کی اشاعت کے سلسلے میں مندرجہ ذیل تین شرطوں کو ملحوظ خاطر رکھا جاتا ہے:

۱۔ جملہ حقوق (کاپی رائٹ) سے آزاد کتب کی اشاعت

۲۔ ان کتب کی اشاعت جو پہلے کاغذ پر شائع ہو چکی ہیں اور پرنٹ ورژن کے بعد مصنّفین یا ناشرین کی اجازت کے بعد برقی شکل میں پیش کی جائیں گی۔

۳۔ اب آپ بھی اپنی کتابیں برقی شکل میں شائع کرا سکتے ہیں اگر آپ کی کتاب اب تک شائع نہیں ہوئی ہو تو یہاں شائع کرا سکتے ہیں۔

اردو کی برقی کتابیں ڈاٹ کام پر دو موضوعات پر کتابیں موجود ہیں، متفرقات کے زمرے میں کئی موضوعات کا احاطہ کیا گیا ہے۔ تفصیل ملاحظہ کریں:

دین و مذہب

مذہبی لٹریچر پر ۴۲۵ کتابیں ہیں جو متعدد موضوعات کا احاطہ کیے ہوئے ہیں۔ مثلاً اسلام کے متعلق ۳۲، احادیث ۱۵، عقیدے پر ۵۷، سیرت نگاری ۱۱ اور اسلامیات پر ۳۱۰ کتابیں ہیں۔ اور دیگر ادیان پر سات کتابیں موجود ہیں۔

اردو کی برقی کتابیں ڈاٹ کام پر اردو ادب کی تمام اصناف مطالعے کے لیے موجود ہے جن میں شعری مجموعے، افسانوی مجموعے، ناول، داستان، ڈرامہ، تنقید و تحقیق، ادب اطفال، جاسوسی ادب اور طنز و مزاح شامل ہیں۔ اس ویب سائٹ سے کتابوں کے مطالعے کے ساتھ ڈاون لوڈ کر کے اپنے پاس محفوظ بھی کر سکتے ہیں۔

عصر حاضر میں جدید ٹکنالوجی کے ذریعے اردو زبان و ادب کی ترویج و اشاعت 'بزم اردو لائبریری' کا اولین مقصد ہے۔ دن بہ دن سکڑتی ہوئی دنیا اور اطلاعاتی ٹکنالوجی کے اس دور میں اردو زبان و ادب کے وسیع ذخیرے کو انٹرنیٹ پر پیش کیا جانا ایک ناگزیر امر بن چکا ہے۔ جب کہ نئی نسل وقت کی قلت اور مصروفیت کی بنا پر کتابوں سے دور ہوتی جا رہی ہے۔ اسی فکر نے اعجاز عبید کو برقی کتابیں جمع کرنے کی ترغیب دلائی، جس سے اردو قاری دنیا کے کسی بھی کونے سے بلا روک و ٹوک اردو کے برقی مواد تک رسائی کر سکیں۔ اس دیوانگی نے انھیں کاپی رائٹ سے آزاد یونیکوڈ فارمیٹ میں کتابوں کو برقی شکل میں پیش کرنا شروع کیا۔ جو آج ایک عظیم الشان آن لائن حوالہ جاتی لائبریری کی شکل میں موجود ہے۔ آج اسی محنت اور لگن کا نتیجہ ہے کہ اینڈرائڈ ایپ کی معاونت سے اردو لٹریچر کے عظیم سرمائے کو آپ موبائل پر بھی دیکھ سکتے ہیں۔

کتابستان ڈاٹ کام نے اردو کی سائبر دنیا میں بڑے کم وقت میں اپنی جگہ بنا لی ہے۔ اس کی ای۔ بک لائبریری میں اردو کے اصناف ادب کی اب تک سو کتابیں اپ لوڈ

کی جاچکی ہیں، جن میں ناول، افسانے، خطوط کے مجموعے، کلاسک ادب، شاعری، مزاح، ادب اطفال، مقالے، تذکرہ و تحقیق، خودنوشت، سفرنامہ، شخصی خاکے، شکاریات، فلم آرٹ موسیقی اور رسائل و جرائد قابل ذکر ہیں۔ اس ویب سائٹ پر نایاب و کمیاب موضوعاتی کتابوں پر زیادہ توجہ دی جارہی ہے۔ جس کی دسترس طلبا و ریسرچ اسکالرز اور عام قارئین کی پہنچ سے باہر ہے۔

کتابستان ڈاٹ کام کا مقصد اپنے قارئین کو معیاری کتابیں بہم پہنچانا ہے، تاکہ نئی نسل کا قاری سستے، بازاری اور گھٹیا قسم کے رومانی موضوعات سے گریز کرے اور اپنے مطالعے میں عمدہ اور بہترین ادب کو رکھے۔ اس ویب سائٹ کا بنیادی مقصد بھی خالص اردو ادب کے فروغ کے لیے کام کرنا ہے، اس ویب سائٹ کی سبھی کتابیں اسکینگ شدہ پی ڈی ایف فارمیٹ میں موجود ہیں، جن کا آسانی کے ساتھ پرنٹ لیا جاسکتا ہے۔ لیکن یہاں کی کتابوں کو اقتباس یا حوالے کی صورت میں استعمال کرتے وقت کتابستان ڈاٹ کام کا حوالہ دینا ضروری ہے۔

ہندو پاک میں طلبا اور ریسرچ اسکالرز کے لیے پی، ڈی، ایف فائل کی صورت میں اردو زبان و ادب کے اہم موضوعات پر مشتمل کتابستان ڈاٹ کام کامیابی کی ہر لمحہ نئی تاریخ رقم کررہا ہے۔ کئی مہینوں کی مسلسل سعی کے بعد ۱۷ اپریل ۲۰۱۶ کو گوشہ مشفق خواجہ کا اجرا عمل میں آیا ہے۔ جو اس ویب سائٹ کے لیے فال نیک ثابت ہوگا۔ اس گوشے میں خواجہ صاحب کے متعلق ۲۵ سے زائد کتب و رسائل شامل ہیں۔ جو ان کی شخصیت اور فکروفن سے تعلق رکھتی ہیں۔ اس کے علاوہ خواجہ صاحب کے خطوط اور کالمز کے مجموعے کا مطالعہ بھی کیا جاسکتا ہے۔

'اردو لائف ڈاٹ کام' اردو کی پہلی ویب سائٹ ہے جس نے اردو کی ادبی تاریخ میں

پہلی مرتبہ قلم دوست ڈاٹ کام کے اشتراک سے ورچوئل مشاعرے کا انعقاد کیا۔ جسے اردو ادب کی تاریخ میں سنہرے حروف سے لکھا جائے گا۔ اس ویب سائٹ کی ادبی حلقوں میں مقبولیت کی وجہ یہ ہے کہ اردو ادب سے متعلق تقریباً تمام مشہور و معروف شعرا کے کلام ان کی آواز میں موجود ہیں۔ محفل مشاعرہ کے عنوان سے مشاعرے کا ڈیٹا بیس ذخیرہ بھی ہے جس میں آپ اپنی پسندیدہ غزلیں اور نظمیں بہ آسانی سرچ کر سکتے ہیں۔ اردو لائف ویڈیو کے عنوان کے تحت مشہور و مقبول شعرا کے کلام، انٹرویوز، ادبی تقریبات اور ادبی شخصیات پر ڈاکومنٹری فلموں کا ایک سلسلہ بھی شروع کیا ہے جسے حال ہی میں یوٹیوب پر منتقل کیا گیا ہے۔ محفل موسیقی کے تحت اس ویب سائٹ پر آپ کو معیاری، نایاب اور کمیاب موسیقی کا ذخیرہ ملے گا۔ اس کی انفرادیت یہ ہے کہ اس طرح کی موسیقی انٹرنیٹ پر دستیاب نہیں ہے۔

'اردو لائف ڈاٹ کام' نے ۲۰۰۶ میں اردو پیڈ کے نام سے انٹرنیٹ پر سب سے پہلے یونی کوڈ میں لکھنے کی سہولت بلا معاوضہ شروع کی، جو اردو کی ترویج و اشاعت میں میل کا پتھر ثابت ہوا۔ اردو پیڈ کے استعمال کرنے والوں کی تعداد میں روز بروز اضافہ ہوتا جارہا ہے۔ قارئین کے ادبی ذوق کی تکمیل کے لیے اردو لائف ڈاٹ کام نے آن لائن انٹرنیٹ ادبی شمارے کی شروعات 'ادبی افق' کے نام سے کی، جس پر ادب کی مختلف شعری و نثری اصناف کا مطالعہ کیا جاسکتا ہے۔

'ارود پوائنٹ ڈاٹ کام' انٹرنیٹ کی دنیا میں اردو زبان و ادب کی ترویج و اشاعت میں اہم کردار ادا کر رہا ہے۔ روز اول سے ہی بزرگ ادیبوں اور استاذ شعرا کے ساتھ نئی نسل کے لکھنے والوں کو بھی بلا تفریق شائع کیا، لیکن ادبی معیار سے کبھی سمجھوتہ نہیں کیا۔ اردو کی اسی بے لوث خدمت اور مقبولیت کی وجہ سے دنیا بھر سے لاکھوں افراد اردو

پوائنٹ کی سیاحت کرتے ہیں اور معیاری ادب سے اپنے ذوق کی تسکین کرتے ہیں۔ یہ ویب سائٹ اردو کی نئی نسل کے لکھاریوں کی حوصلہ افزائی اور رہنمائی شفیق استاذ کی طرح کرتا ہے۔ ان کی تخلیقات کو مناسب اور موزوں جگہ بھی فراہم کرتا ہے۔ اس ویب سائٹ پر مضامین، ادبی تحریریں، کتابیں، شاعری، ٹکنالوجی کے مضامین و خبریں، کالم، اخباری خبریں، مزاحیہ تحریریں اور پکوان سے متعلق تراکیب مطالعے کے لیے مل جائیں گی۔

اردو پوائنٹ ڈاٹ کام نے جہاں ادب کی دنیا میں اہمیت حاصل کی وہیں اردو صحافت میں بھی نمایاں مقام حاصل کیا۔ اپنی خبروں، مضامین، کالمز اور اداریوں میں صداقت اور سچائی کو فروغ دینے کا کام کیا۔ یہ کام اس نے بغیر کسی اندرونی و بیرونی دباؤ کے بڑی خوبصورتی اور ایمان داری سے انجام دیا۔ اردو پوائنٹ کی اسی حق گوئی اور دیانت داری نے قاری کے اندر یقین و اعتماد پیدا کیا اور آج 'روز نامہ اردو پوائنٹ' پاکستانی اور بین الاقوامی سائبر صحافت کی دنیا میں نمایاں مقام حاصل کر چکا ہے۔

عصر حاضر جدید ٹکنالوجی اور تیز رفتار ترقی کا عہد ہے۔ انٹرنیٹ کی ایجاد نے جغرافیائی سرحدوں کے ساتھ تہذیبی، ثقافتی اور لسانی حدود کو بھی منہدم کر دیا ہے۔ غیر ترقی یافتہ زبانیں نزع کی حالت میں دم توڑ رہی ہیں۔ ایسے میں اگر اردو زبان و ادب اور اس کے رسم الخط کو نئی ٹکنالوجی سے ہم آہنگ نہیں کیا گیا، تو ترقی کے اس دور میں ہمارا ادب، ہماری زبان اور ہماری تہذیب جس پر ہمیں فخر ہے، سب سے پیچھے رہ جائیں گی، کیوں کہ دور حاضر میں ترقی و تنزلی کا تمام تر دار و مدار جدید ٹکنالوجی پر ہے۔ حالاں کہ انٹرنیٹ پر ہزاروں ویب سائٹس اور بلاگس موجود ہیں جو اردو کی ترویج و اشاعت کا کام بڑی محنت اور دیانتداری سے کر رہی ہیں۔ ان میں سے معیاری سائٹس کا انتخاب کرنا

میرے لیے جوئے شیر لانے کے مترادف تھا۔ کیوں کہ انٹرنیٹ پر اردو میں ڈیجیٹل کتب خانے اور کئی اہم ادبی، تہذیبی، ثقافتی اور تعلیمی سائٹس موجود ہیں لیکن میرے نزدیک اردو کی ان سائٹوں پر موجود مواد کا میعاری اور مستند ہونا شرط تھا۔ میں نے انھیں سائٹوں کو اپنے مقالے میں جگہ دی ہے جس پر متن سند کے ساتھ موجود ہے۔ اور جو معیاری ادب کو پیش کرتے ہیں۔ انٹرنیٹ پر اردو ادب کے حوالے سے اب تک جو کام ہوا ہے تشفی بخش تو ہے مگر کافی نہیں ہے۔ اس پر ابھی اور کام کرنے کی ضرورت ہے تاکہ اردو کا ادبی سرمایہ اپنے صحیح متن کے ساتھ قارئین تک پہنچے۔ اس ضمن میں کچھ ویب سائٹیں اچھا کام کر رہی ہیں مثلاً بہار اردو یوتھ فورم، کتابستان ڈاٹ کام اور ریختہ ڈاٹ او آر جی دنیا قابل ذکر ہیں، جن کی ستائش اور پذیرائی ہونی چاہیے۔

***

۳

# لوک ادب: تحفظ اور بازیافت

## ڈاکٹر یوسف رام پوری

لوک ادب کسی بھی قوم کا عظیم سرمایہ ہوتا ہے۔ کیونکہ لوک ادب کے دامن میں اُس قوم کے گزشتہ ادوار، روایات، تہذیبی و معاشرتی اقدار اور لسانی وادبی سلسلے آباد ہوتے ہیں۔ جو قوم اپنے تہذیبی، سماجی، ادبی اور لسانی ورثے کو محفوظ رکھتی ہے اور اس سے وابستہ رہتی ہے، اس قوم کے لیے ماضی وحال کے آئینے میں اپنے مستقبل کا لائحۂ عمل طے کرنا آسان ہوتا ہے۔ اس کے برعکس جو قوم اپنے ماضی سے کٹ جاتی ہے، اس کی جڑیں کھوکھلی ہو جاتی ہیں اور اسے اپنے مستقبل کی تصویر دھندلی نظر آتی ہے۔ اسی لیے زندہ قومیں اور ملتیں حال کے سفر کو طے کرتے ہوئے عہدِ رفتہ کی مشعلوں کو ہاتھ میں اٹھائے اپنی منزل کی طرف رواں دواں رہتی ہیں۔

زندگی کے سفر میں جدید تقاضوں اور نئے مطالبوں کو بروئے کار لانے کے لیے عہدِ رفتہ کی روشنی میں اپنی منزل کے نشانات کی تلاش وجستجو کے لیے ضروری ہے کہ ماضی کی کئی پرتوں کو کریدا جائے۔ کیونکہ ماضی وہ بھی ہے جو ابھی گزرا ہے، ماضی وہ بھی ہے جو چند دہائیوں اور صدیوں قبل گزرا تھا اور ماضی وہ بھی ہے جو ہزاروں سال پہلے گزر چکا ہے۔ انسان اپنے ان بیتے ہوئے زمانی ابعاد اور فاصلوں سے اسی طرح وابستہ ہے جس طرح

گزرے ہوئے کل یا اس پل سے، جو ابھی گزرا ہے۔ انسان کا وہ وجود جو آج ہے اُس وجود کا تسلسل ہے جو ہزاروں سال پہلے تھا۔

یہ بات بڑے وثوق کے ساتھ کہی جاسکتی ہے کہ آج کی ترقیات صرف دورِ حاضر کے انسان کی رہین منت نہیں بلکہ گزشتہ کئی ادوار کے اسلاف کی جہدِ مسلسل کا بھی نتیجہ ہیں۔ یہ الگ بات ہے کہ بعض لوگوں کی نگاہیں محض حال و مستقبل کی جانب مرکوز ہیں اور وہ ماضی کو کالعدم یا فرسودہ خیال کرکے اسے لائقِ اعتنا نہیں سمجھتے۔ غالباً یہی وجہ ہے کہ انسانی زندگی کے نئے افق پر عہدِ رفتہ کے بہت سے گراں قدر نقوش دھندلے دھندلے سے دکھائی دے رہے ہیں یا آنکھوں سے اوجھل ہوتے جارہے ہیں۔

زندگی کو دیکھنے کے نئے زاویوں نے اگرچہ بہت سے ایسے پہلوؤں کو اُجاگر کیا ہے، جو اب تک گمنامی کے دھندلکوں میں روپوش تھے، تاہم انسانی زندگی کے کئی پہلو ایسے بھی ہیں جو آج کے منظرنامے سے تیزی کے ساتھ اوجھل ہوتے جارہے ہیں۔ جیسا کہ قدیم روایتیں، تہذیبی، اخلاقی اور معاشرتی قدریں، پرانی زبانیں، بولیاں، قصّے کہانیاں وغیرہ۔ نئے زمانے میں تیزی کے ساتھ پردۂ گمنامی میں جانے والی اشیا کی فہرست میں لوک ادب بھی شامل ہے۔ وہ لوک ادب جس کی جڑیں بیتی ہوئی صدیوں سے گزرتی ہوئی نامعلوم زمانوں تک پہنچتی ہیں۔ جی ہاں، وہی لوک ادب جس کے آنگن میں کتنی ہی کہانیاں نسل در نسل سنائی جاتی رہی ہیں۔ کتنی ہی پہیلیاں زبان در زبان کہی جاتی رہی ہیں اور کتنے ہی گیتوں کی نغمگی فضا میں تحلیل ہوکر مختلف ادوار کے انسان کے ذہن و دل کے نہاں خانوں میں گونجتی رہی ہے۔

لوک ادب کو ماضی کا آئینہ کہا جاسکتا ہے جس میں ہم اپنے عہدِ رفتہ کو دیکھ بھی سکتے ہیں اور اس کی بازیافت بھی کرسکتے ہیں۔ ہماری پچھلی نسلوں کے افکار و خیالات کے

دائرے کیا تھے، ان کے سماجی و تہذیبی عناصر کیا تھے، وہ کس طرح کی زبانیں اور بولیاں بولتے تھے، جب خوش ہوتے تو فرحت وانبساط کا اظہار کس طرح کرتے اور جب مغموم ہوتے تو ان کے یہاں غم کے اظہار کی کیا نوعیت ہوتی۔ ان کے یہاں تقریبات، رسوم وروایات، باہمی تعلقات اور عشق و محبت کے انداز کیا تھے۔ ان سب چیزوں کی دریافت لوک ادب کے توسط سے بآسانی کی جاسکتی ہے۔ گزشتہ ادوار کے جو حالات ہم لوک ادب کے ذریعے جان سکتے ہیں، اس کی توقع ہم تاریخی کتب سے بھی نہیں کرسکتے۔ کیونکہ تاریخی مواد کے حوالے سے استناد اور معتبریت کا سوال ہمیشہ قائم رہتا ہے۔

لوک کہانیوں، لوک گیتوں اورلوک پہیلیوں کا سلسلہ سینہ بہ سینہ چلتا رہتا ہے۔ گو اس بات کا علم نہ ہو کہ ان کہانیوں، گیتوں، پہیلیوں کے تخلیق کار کون تھے، لیکن بہرحال یہ اپنی جگہ سچ ہے کہ وہ گیت، کہانیاں، پہیلیاں مختلف نسلوں کے جذبات کی ترجمان وآئینہ دار رہی ہیں، تبھی تو ان کہانیوں کو عہد بہ عہد عوام الناس دہراتے رہے ہیں۔ لوک ادب کو انسانی زندگی سے قریب اس لیے بھی مانا جاسکتا ہے کہ وہ عوام الناس سے جڑا ہوا ہوتا ہے۔ وہ دیہی، قصباتی زندگی کی ترجمانی زیادہ کرتا ہے، کسی حد تک شہری زندگی کی بھی عکاسی لوک ادب کے ذریعے ہوتی ہے۔ زیادہ تر انسانی آبادی کا تعلق چھوٹی چھوٹی بستیوں، گاؤں اور قصبوں سے رہا ہے۔ یہ الگ بات ہے کہ فی زمانہ دنیا بھر میں بڑی بڑی آبادیوں والے بڑی تعداد میں شہر آباد ہوگئے ہیں، لیکن گزشتہ ادوار میں یہ صورت حال نہ تھی۔ اس لیے گزرے ہوئے زمانوں میں لوک ادب عوامی زندگی کی عکاسی کا موثر وسیلہ تھا۔ اس بابت پروفیسر قمر رئیس رقمطراز ہیں:

"لوک ادب اور لوک گیتوں کی چند مابہ الامتیاز خصوصیات کی طرف اشارہ کیا جاسکتا ہے۔ مثلاً یہ کہ ان کا مصنف گمنام ہوتا ہے۔ یہ گیت زیادہ تر اجتماعی اور کم تر انفرادی

جذبات کی ترجمانی کرتے ہیں۔ اکثر یہ گیت محنت کش عوام کی اجتماعی تخلیقی محنت کے عمل میں خلق ہوتے اور گائے جاتے ہیں، ان کا آہنگ کسی عروضی قاعدے کے بجائے، عوام کے احساس موسیقی کا تابع ہوتا ہے۔ عوامی قصوں کے مآخذ بھی یا تو عوام کے تلخ وشیریں تجربات ہوتے ہیں یا پھر مصائب حیات سے نجات پانے کی ازلی خواہش اور ایک بہتر زندگی کے خواب ہوتے ہیں۔

لوک ادب المیہ اور حزنیہ بھی ہوتا ہے اور طربیہ بھی۔ یہ عوام کی ذہانت کا تخلیقی اظہار بھی ہوتا ہے اور ان کی تفریح و تفنن کا ذریعہ بھی۔ اس میں ہنسی مذاق، ٹھٹھول، طنز و تعریض، مذہبی عقیدت، دشمنوں سے نفرت، وطن دوستی، مظاہرِ فطرت سے محبت، جنسی جبلّت، الغرض ہر طرح کے جذبات، احساسات اور واردات کا اظہار ہوتا ہے۔"

(اردو میں لوک ادب، ص۸، مرتب: پروفیسر قمر رئیس)

لوک ادب سے عوامی رشتے کی گہرائی اور مضبوطی کے بارے میں پروفیسر محمد حسن نے مزید وضاحت کے ساتھ لکھا ہے:

"عوامی ادب سے مراد وہ ادب ہے جس کو عوام نے جنم دیا ہو۔ کوچہ و بازار میں، قریے اور دیہات میں، کھیت اور کھلیان میں اور عام طور پر اس ادب کا جنم داتا کوئی ایک شخص نہیں ہوتا، پورا معاشرہ ہوتا ہے۔ کبھی کبھی اس قسم کا ادب کسی ایک شخص سے منسوب بھی ہو گیا ہے۔ بعد میں تحقیق نے پتہ چلایا کہ یا تو یہ شخص ہی فرضی تھا یا پھر اس سے اس پورے کے پورے ادب کو منسوب کرنا غلط یا مشتبہ تھا۔۔۔ وہ کہانیاں جو نانی دادی سناتی ہیں، وہ گیت جو جانے اَن جانے آپ کے ہونٹ گنگنانے لگتے ہیں، وہ بول جنھیں آپ کچھ سمجھتے ہیں کچھ نہیں سمجھتے مگر کھیل کود میں دہراتے ہیں، یہ سب معاشرے کی دین ہیں اور ان کا خالق کوئی ایک فرد نہیں ہے اور اگر ہے تو گم نام ہے۔"

(اردو میں عوامی ادب ایک روایت، از پروفیسر محمد حسن، اردو میں لوک ادب، ص ۲۵)

گزشتہ ادوار کی سادہ اور فطری زندگی میں لوگوں کی زبانوں سے اگر ایسا کچھ نکل جاتا جس سے عوام الناس کے جذبات کی تسکین ہوتی یا اس میں ان کی زندگی جھلکتی ہوئی محسوس ہوتی یا کوئی تفریحی پہلو پنہاں ہوتا تو وہ سینہ بہ سینہ دور دور تک پھیل جاتا۔ اس عوامی ادب میں اتنی طاقت ہوتی کہ وہ ترسیل وابلاغ کے وسائل و ذرائع کے فقدان کے باوجود زمانی اور مکانی ابعاد اور فاصلوں کو طے کرتے ہوئے دوسرے ملکوں تک چلا جاتا اور اگلی صدیوں میں داخل ہو جاتا۔

ادوارِ رفتہ میں لوک ادب کی مقبولیت کا راز یہ معلوم ہوتا ہے کہ اس وقت عوام الناس کے لیے نہ اتنے تفریحی سامان تھے، جتنے کہ اس دور میں ہیں، نہ زندگی کے اتنے پہلو تھے، نہ رنگ رنگ کے واقعات، نہ ناول، نہ افسانے، نہ اخبارات ورسائل، نہ کتب، نہ ریڈیو اور نہ ٹی وی چینل، نہ کمپیوٹر، نہ انٹرنیٹ، نہ موبائل، نہ فیس بُک، نہ واٹس ایپ، نہ نوع بہ نوع کاروبارو صنعتیں، نہ ملازمتیں، نہ مصروفیتیں۔ ان کے پاس فرصت کے اوقات تھے، کہانیاں کہنے اور سننے کا، پہلیاں تخلیق کرنے اور حل کرنے کا ان کے پاس وقت تھا، گیت گانے کے لیے خواتین کے پاس فرصت بھی تھی اور ماحول وفضا بھی۔ کھیت کھلیان، بدلتے موسموں کے نظارے، اور ان سے بھرپور لطف لینے کے مواقع بھی ان کے پاس تھے۔ اگر کسی کے یہاں شادی کا موقع آجاتا تو ایک مہینے پہلے سے اس گھر میں عورتیں جمع ہو کر گیت گاتیں، وہی گیت جو کبھی ان کی دادیاں اور نانیاں گایا کرتیں۔ بہار اور برسات کے موسموں میں متعدد خواتین اکٹھی ہو کر باغوں میں چلی جاتیں، پیڑوں میں جھولے ڈال لیتیں، جھولتیں اور گیت بھی گاتی جاتیں، ہاں وہی گیت جو لوک ادب کا

قیمتی سرمایہ تھے اور ہیں۔ بوڑھی عورتیں اپنے پوتوں، پوتیوں، نواسوں، نواسیوں کو کہانیاں سناتیں، بچے بڑے انہماک سے سنتے۔ پھر جب وہ بڑے ہو جاتے، جوانی سے گزر کر دادا، دادی، نانا نانی بن جاتے تو وہ بھی اپنے گھر کے بچوں کو اکٹھا کر کے وہی کہانیاں دوہراتے جو انھوں نے اپنے دادا دادی، نانا، نانی وغیرہ سے اپنے بچپن میں سنی تھیں، اس طرح ان کا وقت بھی گزر جاتا، قصے کہانیوں میں بچے نصیحت کی باتیں بھی سیکھ لیتے تھے۔ جوان چوپالوں میں جمع ہو جاتے اور پھر طویل قصے چھیڑ دیے جاتے۔ بعض اوقات وہ قصے اتنے طویل ہو جاتے کہ ہفتوں ہفتوں تک ختم نہ ہوتے، داستان گو قصے کے مناظر یہاں تک کہ جزئیات کو بھی بڑی خوبی سے بیان کرتا۔ یہ قصے لکھے ہوئے نہ ہوتے تھے، چنانچہ داستان گو کے لیے ان میں اپنی طرف سے بھی کچھ اضافہ کرنے کی گنجائش ہوتی۔ بعض اس موقع کا فائدہ اٹھاتے ہوئے اپنی تخلیقی صلاحیت کا استعمال کرتے اور بعض چیزوں اور پہلوؤں کو جوڑ کر ان قصوں کو مزید طویل اور دلچسپ بنا دیتے۔ اس طرح سامعین کے لیے مزید سامانِ تفریح و تفنن بھی جمع ہو جاتا۔ ان کا وقت گزر جاتا، مختلف علاقوں، زمانوں اور طبقوں کی تہذیب و ثقافت کا بھی علم ہو جاتا اور کچھ عبرت کی باتیں بھی سیکھنے کو مل جاتیں۔

لوک کہانیوں، پہیلیوں وغیرہ سے ہر دور کے بچے بھی وابستہ رہے ہیں۔ وہ اپنے بزرگوں سے قصے کہانیاں سنتے تھے، ساتھ ہی خود بھی بعض ایسی باتیں یا نظمیں دہراتے تھے جن سے انھیں خوشی ملتی، گاتے، مچلتے اور فطری زندگی کا مزہ لوٹتے۔ دراصل اس نوع کی باتوں سے ان کا واسطہ ماں کی گود سے ہی پڑنا شروع ہو جاتا۔ ماں بچے کو لوریاں سناتی ہوئی کہتی :

چندا ماموں دور کے

بڑے پکائیں بوڑ کے

آپ کھائیں تھالی میں

اوروں کو دیں پیالی میں

پیالی گئی ٹوٹ

چندا ماموں گئے روٹھ

جب بچہ ذرا ہوش سنبھالتا تھا، بولنا سیکھتا، بچوں کے درمیان کھیلتا تو سنتا، "اکڑ بکڑ بمبے بو" اور پھر خود بھی گانے لگتا ہے:

اکڑ بکڑ بمبے بو

اسّی نوّے پورے سو

سو میں لگ گا تا گا

چور نکل کے بھاگا

اس طرح کے بول بولتے ہوئے بچوں کو کھیل کود میں بڑا مزہ آتا تھا۔ کوئی پہیلی کہتا اور دوسرے اس کو حل کرنے میں دماغ صرف کرتے۔ بعض پہیلیاں نہ جانے کب سے چلی آرہی ہوتیں اور بعض پہیلیاں کچھ ذہین بچے غور و فکر کر کے خود ایجاد کر لیتے، لیکن اب ان پہیلیوں، لوریوں اور بچوں کے درمیان معروف مذکورہ مرتب لفظوں کا تحفظ مشکل نظر آرہا ہے۔ کیونکہ موجودہ زمانے میں ان کا سلسلہ ٹوٹتا دکھائی دے رہا ہے۔ آج بچے ذرا ہوش سنبھالتے ہیں تو ان کے سامنے ٹی وی کی اسکرین ہوتی ہے یا موبائل اور موبائل پر انواع واقسام کے گیمز ہوتے ہیں۔ بچے ان گیموں کو دیکھنے اور کھیلنے میں دلچسپی لینے لگتے ہیں، ان گیموں میں موٹر گاڑیاں، ٹرینیں، ہوائی جہاز اور نئے آلات دکھائے جاتے ہیں۔ بچے خواہی نہ خواہی اس طرح ان سے وابستہ ہو جاتے ہیں۔

بچپن سے ہی ٹیکنکل آلات سے جڑ جانے کی وجہ سے بچوں کا ذہن بھی ٹیکنکل ہوتا چلا جارہاہے، اور تخلیقی سطح پر وہ کمزور ہوتے جارہے ہیں۔ جو داستانیں کبھی بچوں کو سنائی جاتیں، آج ٹی وی پر دکھائی جاتی ہیں۔ داستانیں خواہ وہی یا ایک جیسی کیوں نہ ہوں لیکن دونوں کے اثرات جداگانہ ظاہر ہوتے ہیں۔ بچے جو کہانیاں سنتے ہیں، ان کے کرداروں، ان کے راستوں، پگڈنڈیوں، پہاڑوں، ندیوں، پرانی حویلیوں، شادی بیاہ کے ہنگاموں، سب کی تصویریں خود بخود ان کے ذہن میں بنتی چلی جاتی ہیں، یعنی ان کے ذہن کی تخلیقی صلاحیت کو جلا ملتی ہے، لیکن جب انھیں کہانیوں اور قصوں کو فلماکر بچوں کو دکھایا جاتا ہے تو وہ ان سے محظوظ تو ہوسکتے ہیں، مگر ان کے اذہان خود کرداروں کے حلیے، ان کی حرکات وسکنات، خوبصورت جھیلیں، آبشاروں کی تصویریں اور گزر گاہیں خلق نہیں کرتے، اس طرح ان کی تخلیقی قوت زنگ آلود ہوتی چلی جاتی ہے۔ جیسے ہی بچے بڑے ہوتے ہیں، جوانی کی دہلیز پر قدم رکھتے ہیں یا رکھنے والے ہوتے ہیں، ان کے ذہن یا تو اسکولوں کے نصابات کی کوٹھریوں میں قید ہو جاتے ہیں یا پھر وہ کچھ کمانے کی تگ ودو میں دنیا کے جھمگھٹوں میں الجھ جاتے ہیں اور ایسے مصروف ہو جاتے ہیں کہ پھر کبھی زندگی بھر انھیں فرصت کے لمحات میسر نہیں آتے۔ اگر کچھ وقت بچتا ہے تو ٹی وی آن کر لیتے ہیں، اور فلمی، تفریحی، خبری چینلوں کو دیکھتے اور بدلتے رہتے ہیں۔ بچوں کو کہانیاں سنانے، پہیلیاں کہنے اور لوک گیت گانے کی نوبت ہی نہیں آتی۔

لوک گیتوں سے خواتین کا گہرا تعلق رہاہے، خواہ وہ تعلق شادی کے موقع پر گائے جانے والے گیتوں کی شکل میں ہو، یا بارہ ماسہ کی شکل میں ہو، یا پھر خوشی وغم کے دیگر مواقع کی صورت پر گائے جانے روایتی لفظوں کی شکل میں ہوں، لیکن موجودہ زمانے میں خواتین کا ان گیتوں سے رشتہ کمزور ہوتا جارہاہے، اس کی ایک وجہ یہ ہے کہ آج فلمی

ں کا چلن زیادہ ہے، جنھیں بڑے بڑے فنکار موسیقی کے ساتھ گاتے ہیں، چنانچہ اتین ان فلمی گیتوں کو زیادہ سنتی اور گاتی دکھائی دیتی ہیں۔ یہی فلمی گیت اب ان کی زبان پر آتے ہیں نہ کہ وہ پرانے گیت ونغمے جو ان کی دادیوں اور نانیوں نے گائے تھے۔ اس کے علاوہ ٹی وی کی طرف مائل ہونے کی وجہ سے خواتین اب سیریلوں میں مگن دکھائی دیتی ہیں۔ سیریلوں میں ان کی بڑھتی دلچسپی نے قدیم روایتوں سے ان کے رشتے کو منقطع یا کمزور کر دیا ہے۔ چنانچہ اب انھیں شادی کے مواقع پر گیت گانے میں بھی کوئی خاص دلچسپی نظر نہیں آتی۔ جو گیت اب سے کچھ دہائیوں پہلے ساری عورتوں کو یاد ہوتے تھے، اب چند فیصد عورتوں کو بھی یاد نہیں ہیں۔ ایسی صورت میں لوک گیتوں کا تحفظ یقیناً دشوار ترین مرحلہ ہے۔ یہ ممکن ہے کہ ان گیتوں کو لکھ کر کتابوں میں محفوظ کر دیا جائے، جیسا کہ کیا بھی گیا ہے اور کیا بھی جارہا ہے۔ اس طرح کچھ چیزوں کو کاغذوں میں تو ضرور محفوظ کیا جاسکتا ہے، مگر سینوں میں نہیں۔ جب سینوں میں لوک گیت محفوظ نہیں ہوں گے، زبانوں پر نہیں آئیں گے تو قدیم لوک ادب کی زندگی وفنا کا سوال تو اٹھے گا ہی۔

قدیم لوک ادب کی بازیافت اور جو لوک ادب ہنوز زندہ ہے، اس کے تحفظ کا مسئلہ میرے خیال سے ادب کا ایک ایسا مسئلہ ہے جسے نظر انداز نہیں کیا جاسکتا اور نہ ہی کیا جانا چاہئے۔ یہ مسئلہ اردو لوک ادب کا ہی نہیں بلکہ اس جہانِ رنگ وبو کے ساتھ بدلتے حالات وتغیرات میں تمام دنیا کی زبانوں کے لوک ادب کا ہے۔ ہر زبان اپنے قدیم عوامی ادب کو گم کرتی دکھائی دے رہی ہے۔ عہدِ حاضر میں کتنی ہی زبانیں، بولیاں اپنا وجود معدوم کر چکی ہیں۔ جس کے سبب بہت سی قیمتی قدریں، روایتیں، تہذیبیں مٹ چکی ہیں اور مٹ رہی ہیں۔ اگر دورِ حاضر کی قومیں حال و مستقبل کے ساتھ اپنے ماضی، اپنے سماج اور

تہذیب سے جڑے رہنا چاہتی ہیں تو انھیں اپنی زبانوں اور ان کے ادب کی حفاظت کرنے اور زندہ رکھنے کی راہیں تلاش کرنی ہوں گی۔

جہاں تک اردو زبان وادب کے لوک ادب کا سوال ہے تو لوک ادب سے رشتہ اتنا ہی قدیم ہے جتنی کہ خود اردو زبان۔ اس کا ایک ثبوت تو یہ ہے کہ اردو کا خمیر ہندوستان کے مختلف علاقوں کی جن بولیوں سے مل کر تیار ہوا ہے، ان میں لوک گیت، لوک کہانیاں اور لوک پہیلیاں پہلے سے موجود ہیں۔ جب اردو وجود میں آئی تو ان بولیوں کا لوک سرمایہ اردو میں منتقل ہو گیا۔ کھڑی بولی، قنوجی، ہریانوی، پنجابی اور دکنی بولیوں اور زبانوں کے لوک ادب کا خاصا بڑا ذخیرہ آج اردو ادب کا حصہ ہے۔ امیر خسرو کے ہندوی کلام اس حصّے کو جو پہیلیوں اور گیتوں پر مشتمل ہے، اردو لوک ادب کا قیمتی اور قدیم ذخیرہ کہا جاسکتا ہے۔ ایسے ہی بہت سے صوفی سنتوں کی حکایتیں اور دوہے بھی اردو کے لوک ادب میں شامل ہیں۔ دہلی اور اس کے مضافاتی علاقوں، نیز شمال اور دکن کے مختلف اضلاع میں جو عوامی گیت گائے جاتے رہے ہیں، یا جو پہیلیاں زبان زد عام رہی ہیں یا جو داستانیں عوام کے درمیان سنی سنائی جاتی رہی ہیں، وہ بھی اردو لوک ادب کا سرمایہ ہیں۔ اس اعتبار سے دیکھا جائے تو اردو لوک ادب کا دائرہ کافی وسیع ہے۔ یہ الگ بات ہے کہ امتدادِ زمانہ کے باعث یا نئے تقاضوں اور مطالبوں کے سبب اردو لوک ادب کا بہت بڑا حصہ محفوظ نہیں رہ سکا ہے۔

اردو لوک ادب کے سرمایہ کی حفاظت اور اس کی اشاعت سے عدم دلچسپی یا کم توجہی کے باعث بھی اردو لوک ادب کی کمیابی کا مسئلہ کھڑا ہوا۔ دراصل اردو زبان نے بہت جلد درباروں تک رسائی حاصل کر لی اور شرفا و رؤسا نے اسے اپنا لیا۔ وقت کے اہم ادبا و شعرا بھی اس کی طرف متوجہ ہوئے، اس لیے اعلیٰ زبان بولنے اور اعلیٰ شاعری

کرنے کی طرف زیادہ توجہ دی گئی۔ میر، سودا، بہادر شاہ ظفر، ذوق، غالب، داغ، مومن، انشا، مصحفی اور اقبال جیسے شاعروں نے اردو شاعری کے لیے جو راہ ہموار کی اس پر لوک گیتوں اور دوہوں کو کمتر خیال کیا گیا۔ اس کے باوجود یہ کہنا کسی بھی طور مناسب نہ ہوگا کہ اردو کے پاس لوک ادب کا سرمایہ نہیں ہے۔ بلاشک وشبہ اردو کا انسلاک شاہوں، رئیسوں اور درباروں سے رہا ہے لیکن یہ عوامی زبان بھی رہی ہے۔ اگر عوامی نہ ہوتی اور صرف درباروں یا شاہوں تک ہی اس کا دائرہ محدود ہوتا تو رجواڑوں کی تباہی کے ساتھ اس کی بساط بھی الٹ جاتی اور آج اس کا زندہ وتابندہ رہنا تو دور کی بات اس کے آثار کو ڈھونڈ پانا بھی مشکل ہوتا، لیکن اردو نہ صرف یہ کہ ہنوز زندہ ہے بلکہ وقت کے ساتھ اس کا دائرہ پھیلتا جا رہا ہے اور اسے عوام کے درمیان شوق کے ساتھ بولا اور سمجھا جا رہا ہے۔

اردو میں ضرب الامثال اور کہاوتوں کا ایک جہان آباد ہے جو اس بات کا ثبوت ہے کہ اردو کی جڑوں میں لوک ادب موجود رہا ہے۔ کیونکہ عوام کے بغیر نہ زبان پوری طرح وجود میں آسکتی ہے، نہ وہ دور تک پھیل سکتی ہے اور نہ دیر تک قائم رہ سکتی ہے۔ ظاہر ہے کہ اردو کئی زمانوں اور صدیوں پر محیط ہے اور اس کا مکانی کینوس بھی کئی ملکوں اور براعظموں تک پھیلا ہوا ہے، اس لیے اردو کی تہوں میں لوک ادب کی شمولیت خود بخود ثابت ہو جاتی ہے۔ ضرورت اس بات کی ہے کہ اردو والے اپنے لوک ادب کی بازیافت کریں اور اسے زبانی اور تحریری طور پر محفوظ کرنے کے لیے امکانی اور عملی کوششیں کریں۔

***

۴

# جنوبی ہند کے عصری اردو ادب میں علاقائی اثرات

مہ نور زمانی بیگم

ادب میں علاقائی اثرات زبان اور مواد دونوں میں ملتے ہیں۔ جہاں تک زبان پر پائے جانے والے علاقائی اثرات کا سوال ہے ان ریاستوں میں کنڑ، تلگو، تمل اور ملیالم ہی نہیں بلکہ مرہٹی زبانوں کے اثرات شروع سے ہی اردو زبان کے ڈھانچے پر اس طرح سے اثر انداز رہے ہیں کہ یہاں بولی جانے والی اردو زبان 'دکنی' کے مخصوص نام سے جانی جاتی ہے۔ اس حقیقت سے قطع نظر یہ بھی ایک حقیقت ہے کہ ۱۹۸۵ سے بہت پہلے ہی جنوبی ہند کے کئی ادباء و شعرا نے معیاری اردو کے استعمال پر پوری قدرت حاصل کر لی تھی۔ چنانچہ پچاسی تا حال کے جنوبی ہند کے اردو ادب میں علاقائی اثرات کی تلاش یہاں کے شعری اور تنقیدی سرمایے میں بے سود ہے۔ اس دور تک کرناٹک اور حیدرآباد میں محمود ایاز، خالد عرفان، مغنی تبسم، سلیمان اطہر جاوید، ڈاکٹر سیدہ جعفر وغیرہ کئی احباب کی ادبی تنقیدوں نے شمالی ہند اور پاکستان سے شائع ہونے والے موقر رسائل میں جگہ بنالی تھی لیکن فکشن میں آج بھی علاقائی اثرات کی نشاندہی کی جا سکتی ہے۔ اگر ہم یہاں کے

فکشن کا جائزہ لیں تو نہایت خوش کُن نتائج سامنے آتے ہیں اور ادب میں علاقائیت کی تلاش کا عمل معتبر محسوس ہونے لگتا ہے۔

در حقیقت علاقائی اثرات ہر ادیب کا اٹوٹ حصہ ہوتے ہیں کیونکہ ادیب معاشرے کا حساس، درد مند اور دور بین فرد ہوتا ہے۔ ادیب و شاعر کا بچپن جس علاقے میں بسر ہوتا ہے اور وہ زندگی بھر جس علاقے میں رہتا بستا ہے وہاں کی زبان اور تہذیب و ثقافت کے اثرات اس کے لاشعور میں اس طرح مرتسم ہو جاتے ہیں کہ اس کی تخلیقات میں کہیں نہ کہیں ان کی جھلک نمایاں ہو جاتی ہے۔ لہٰذا ادب میں علاقائی اثرات کا وجود ایک ایسا وصف ہے جو اپنے تخلیق کار کے، کسی مخصوص علاقے سے وابستہ ہونے کا ثبوت پیش کرتا ہے۔

تو آیئے میں بات شروع کرتی ہوں شمالی کرناٹک کے شہر ہبلی کے ایک مشہور افسانہ نگار ملّا عبد الغنی کے ناولٹ 'نقشی کٹورا' سے! یہ ایک ایسا ناولٹ ہے جس میں مصنف نے انتہائی فنکاری کے ساتھ زبان اور مواد دونوں کے اعتبار سے علاقائیت کی جیتی جاگتی تصویریں پیش کر دی ہیں۔ اس میں بظاہر ایک ایسی پاگل عورت کی کہانی ہے جس کے تنے ہوئے خد و خال، چڑھی ہوئی بھوئیں اور لال لال آنکھیں دیکھ کر کوئی بھی عام آدمی اس کے قریب تک نہ پھٹکتا تھا، اور خود اس کے اپنے بچے اس کی جنگجویانہ اور خونخوار اضطراری حرکتوں کا سامنا کرنے سے کتراتے تھے۔ ملّا عبد الغنی نے اس ناولٹ کے پردے میں بیجاپور، ہبلی اور دھارواڑ کی علاقائی معاشرت، زندگی کے شب و روز، تہذیب و ثقافت، غربت، عظمت، توہم پرستی، زبان، روزمرہ، کہاوتوں اور چٹکلوں سب کو قلمبند کر دیا ہے۔

وہاں پر استاد کو 'جناب' کہا جاتا ہے جیسے کہ ناولٹ میں جناب چھوٹے شاہ، جناب چھوٹے گدگ وغیرہ ہیں، تایا کو' بڑے باپ 'کہا جاتا ہے جو کہ کنڑ ' دوڈاپّا' کا ہو بہو

اردو ترجمہ ہے۔ جب 'ہاں' کہنا ہو 'ھوئے' کہا جاتا ہے۔ 'ذ' اور 'ز' کی آواز کو 'ج' کی آواز سے ادا کیا جاتا ہے۔ اس کے علاوہ بھی کئی اور قسم کی لسانی خصوصیات یہاں کی مخصوص دکنی اردو کے مزاج کا حصہ ہیں۔ لہٰذا شمالی کرناٹک کی اردو زبان کے مخصوص علاقائی اثرات سے مملو اس ناولٹ کے چند اقتباسات ہیں :

"اللہ کاں بسریا چنگا ماں اِسے، برس پہلے پکتے ہوئے کھانے میں کنکر مٹی ڈالی، دو برس پچھے بڑے باپ کے نوے اِجار جامے کو جلائی، تب بڑے باپ کیتّی عاجزی سے پاؤں پکڑ کو بولے تھے ایسا کرونکو ماں کر کو، اِنے چھوڑی تو بول۔" (ص ۴۷)

"وھئے۔۔۔ مجے معلوم۔۔۔ مچھی کے بچے کو تیرنا شکانا کیا۔۔۔" (ص ۴۲)

"میں بلالے کو جاتوں تمنا کل سال کو۔۔۔ بولو بھی، نیں تو دیکھو حجرت بھینساں چرانے لگا تیں کتے۔"

"اجی خالہ اسے جرا دودھ پلاؤ جی، کل سے دودھ نیں پئے جی" (ص ۱۴)

ملّا عبد الغنی نے شمالی کرناٹک کی زبان کے اس طرح کے جیتے جاگتے نقوش کے علاوہ جو معاشرتی تصویریں 'نقشی کٹورا' میں پیش کی ہیں اُن کا شائبہ آج بھی دھارواڑ، بیلگام اور بیجاپور کے علاقوں میں نمایاں طور پر نظر آتا ہے۔ اس ناولٹ میں تعویز، فلیتے، پیروں، شہدوں، حکیموں اور ڈاکٹروں کے آستانوں پر سر جھکانے کا تذکرہ، بھوت پریت اتارنے والوں کا کہا ماننے کے واقعات، نئے رہن سہن کو اپنانے کی طرف بڑھائے جانے والے بے ہنگم اقدامات، اس علاقے میں پائے جانے والے پیشوں کی اونچ نیچ وغیرہ باتوں کو نہایت دلچسپی اور فنکاری کے ساتھ بیان کر دیا گیا ہے۔ محرم میں ادا کی جانے والی رسومات کا نقشہ کھینچتے ہوئے لکھتے ہیں "لوگ اپنے ہر دکھ کا علاج حضرت بی بی فاطمہ کی عودی کو مانتے تھے۔ چوکی کے سامنے ماتھا ٹیکتے، شِر سٹانگ نمسکار کرتے، عودی کی ایک

چٹکی جیبھ پر ڈالتے، گلے پر لگاتے، ماتھے پر ٹیکہ لگاتے، دعائیں دی جاتیں، منتیں مانی جاتیں اور فاتحہ پڑھی جاتی۔۔۔ بکرے ذبح کر کے کندوری کی جاتی، ہُدّے (ڈھائی سیر گڑ ڈھائی سیر مونگ پھلی کا تیل حضرت امام حسین کے نام نذر و نیاز کرنا) دئے جاتے۔" پھر یہ کہ "روایت کے مطابق تقریباً ہر مسلمان کے گھر میں پانچویں کو شربت، گھی کے بگھار کی مونگ کی کھچڑی اور سارے بیگن کا سوکھا سالن، تور کی دال یا گوشت کا سالن پکتا، ساتویں کو گھوڑے (ایک میٹھا پکوان) اور گوشت کا سالن اور گھی سے بگھارے چاول اور 'قتل' (یعنی محرم کی نویں تاریخ) کو ملیدہ اور بریانی، نیز نویں کو خاص طور سے مہندر گڑھ کے تقریباً ہر ہندو گھرانے میں محرم کا تہوار منایا جاتا۔ دن بھر روزہ رکھ کر نہا دھو کر لنگایتوں اور برہمنوں، چھتریوں کے ہاں بھاجی، بیگن، روٹی، پھیکے چاول اور ملیدہ شربت تیار کر کے مغرب کے بعد بی بی فاطمہ کے نام عاشور خانے آکر فاتحہ نہ دلائی جاتی تو ان کے منہ میں کھیل تک اڑ کر نہ جاتی۔ دَھیڑوں، چماروں، دھوبیوں کے گھر کندوریاں ہوتیں، بکرے کٹتے اور ان کی عورتیں نہا دھو کر دھلے دھلائے کپڑوں میں ملبوس ایک جگہ جمع ہو کر صبح ہی صبح رونا بین کرنا شروع کرتیں، بکرے کو بھی نہلا دھلا کر اس کے پاؤں میں صندل لگایا جاتا، پیشانی پر کُم کُم کی انگلیاں بٹھائی جاتیں اور گلے میں پھولوں کے ہار پہنائے جاتے۔۔۔ "(ص ۶۱-۶۲)۔ جنوب میں برسوں سے چلی آرہی قومی یکجہتی کی مستحکم روایات کو مٹانے کی جو کوششیں ہوتی رہی ہیں انھیں بھی ملّا عبد الغنی نے بڑی دانشوری کے ساتھ اس ناولٹ میں سمیٹ لیا ہے (صفحہ ۱۴۵)۔

اسی طرح ہبلی کے ایک اور مشہور افسانہ نگار انل ٹھکر کے ہاں بھی علاقائیت کی بہت ساری مثالیں مل جاتی ہیں۔ ان کے ایک ڈرامے 'چوتھی دیوار' میں انھوں نے ایک پسماندہ ذات، اس کی بیوی اور اس کے ایک مسلمان دوست کے درمیان گفتگو کو پیش

کرتے ہوئے جس زبان کا عکس پیش کیا ہے اس میں علاقائی اثرات کی نوعیت اس طرح ہے:

کملی: لوگن کی نیت جب خراب ہوئی تب ہوئی، مجھے توہار نیت اچھی ناہیں لاگے ہے۔

کالو: کیوں کا فرک دِکھے ہے تیرے کو؟

رجمو: (باہر سے) کالو بھیا.... (داخل ہو کر) کا بتیارے ہو ہمارا بھاوج سنگ؟

کالو: رجمو آ بھئی آ۔ بیٹھ ادھر..... رجمو، ایک بات بتا۔۔ توہار جات کا ہے؟ وغیرہ

اوپر جو حوالے میں نے پیش کیے ہیں ان میں زبان کے اعتبار سے تو فنکاروں نے جان بوجھ کر اپنے اطراف و اکناف کے علاقائی نقوش ابھارے ہیں لیکن جہاں تک ان کے بیانیہ میں ان کی اپنی زبان کا سوال ہے اس میں بھی کرناٹک کے اکثر فکشن نگاروں کے ہاں علاقائی اثرات کی دلیل کے طور پر کبھی جملوں کی ساخت میں صحت کی کمی نظر آتی ہے تو کہیں پر 'نے' کے استعمال کی خامیاں پائی جاتی ہیں۔ مثلاً "انھوں نے اپنے بیٹے کو قریبی محلے کی اسکول کو لے گئے اور داخلہ کرا دیا" اور "اُس نے ملّا گیری کو چھوڑ بیٹھا تھا" وغیرہ۔

ریاست کرناٹک کے ایک افسانہ نگار منظر قدوسی نے اپنے افسانوں کے مجموعے 'برگ آوارہ' (۲۰۱۰) میں کرناٹک کے علاقے شیموگہ کے ایک دیہات کی معاشرتی زندگی کے دلچسپ مرقعے پیش کیے ہیں۔ ان کا افسانہ 'چاوڑی کا درخت' "یہاں کی اوہام پرستی کی عمدہ مثال ہے۔ اس میں بتایا گیا ہے کہ بچے 'کٹّے' تالاب کے آگے والے چاوڑی کے نہایت خوشبودار پھول توڑ لاتے تو عورتیں انھیں پہنتی نہیں تھیں بلکہ پتہ چل جائے تو دور سے ہی بھگا دیتی تھیں کیونکہ یہ خیال عام تھا کہ ہر پھول کی خوشبو سے ایک چڑیل لپٹی ہوتی ہے، چونڈے میں پھول لگاتے ہی وہ چڑیل جسم پر سوار ہو جائے گی۔ اس کے بعد کیا

ہو گا اس کے تصور سے ہی عورتیں کانپ جاتی تھیں۔ (ص ۳۷)

چاوڑ کیا تھا؟ اس کی بھی تصویر انھوں نے اس میں نہایت خوبی سے کھینچ دی ہے۔ یہ چاوڑ دراصل ایک میدان میں بنی ہوئی چار دیواری کے اندر نصب کیا ہوا سانپ کی مورت والا ایک پتھر تھا، اس گاؤں کے غیر مسلم اسے چاوڑی کہتے تھے۔ اس کے بازو میں جو درخت تھا اس میں سفید پھول لگتے تھے، وہی چاوڑی کے پھول تھے جن کی خوشبو سے سارا ماحول معطر ہو جاتا تھا۔ اک مرتبہ جب راوی کا دوست وزیر، دوستوں کے ساتھ کھڑی دوپہر کے وقت درخت پر چڑھتا ہے اور اتفاقاً نیچے گر پڑتا ہے تو اُس کے گھر پہنچنے کے بعد اس کی ماں یقین کے ساتھ کہتی ہے کہ شیطانوں کے ناچنے کے وقت تم لوگ چاوڑی کے پاس گئے تھے، شیطان نے ہی وزیر کو گرایا ہے۔ وہ پھر اپنے شوہر سے کہتی ہے کہ چلو جاکر چاوڑی کو کُم کُم لگا آئیں ورنہ سانپ رات بھر کو اِسے ستائے گا (ص ۳۸)۔ برس میں ایک مرتبہ یہاں جاترا لگتا، بکرے کٹتے، ڈھول پیٹے جاتے، شنکھ پھونکے جاتے، کھانا پکتا اور خوب دھوم دھڑاکا ہوتا۔ یہ ایک ایسی سچائی ہے جو آج بھی کئی دیہاتوں میں دیکھنے کو ملتی ہے۔ ہر سال ایک مقررہ دن میں 'اُرُو ہبّا' یعنی 'گاؤں کا میلہ' دھوم دھام سے منایا جاتا ہے اور شہروں میں کام کرنے والے اِن دیہاتوں کے افراد دفتروں میں چھُٹی لگا کر اس میں شریک ہوتے ہیں۔ غرض کہ 'چاوڑی کا درخت' افسانے میں علاقائیت کے مرقع خوبی کے ساتھ منعکس کر دیے گئے ہیں۔ اس میں اندھی عقیدت کو صالح روایت میں بدلنے کا سامان بھی موجود ہے۔ افسانہ نگار نے سماج کی پامال ہوتی ہوئی انسانی قدروں کو نئے راستوں پر ڈالنے کے لیے بھی اس افسانے میں اپنے فن کا استعمال کیا ہے۔

یہ تو رہیں خالص علاقائیت کی مثالیں۔ اس کے علاوہ بھی کئی فکشن نگاروں کے ہاں جن کی تعداد بیسیوں تک پہنچتی ہے حوالوں اور اشاروں کی صورت میں علاقائی اثرات کی

چھاپ صاف نظر آتی ہے۔ وہ اپنے مختصر افسانوں میں بنگلور کے پس منظر میں یا کسی اور شہر میں نظر آنے والی معاشرتی قدروں کی پامالی کا احاطہ کر کے قاری کی فکر کو مہمیز کرتے ہیں۔

فرحت کمال، ضیا میر، فیاض قریشی، انیس الحق، حسنیٰ سرور، یحییٰ نسیم، اثر سعید، ضیا کرناٹکی اور فریدہ رحمت اللہ وغیرہ کے افسانوں میں ہمیں کرناٹک کے شہر بنگلور کے یا کسی اور مقام کے پس منظر میں علاقائی اثرات کی اچھی خاصی جھلکیاں مل جاتی ہیں جیسے کہ فرحت کمال کے افسانے 'اجالے کہاں ہیں' اور 'چٹھی پیار کی!' میں سٹی مارکیٹ، شیواجی نگر، گوشہ ہسپتال، ودھان سودھا وغیرہ جانے پہچانے مقامات سے بسیں گزرتی ہیں اور افسانہ نگار ان سے وابستہ مسائل کا نقشہ افسانے کہانی کی شکل میں پیش کرتا جاتا ہے۔ اسی طرح قاضی انیس الحق کے افسانوں میں ہری مسجد اور ہوٹل کوشس کی رنگین شامیں وغیرہ کئی باتوں کا ذکر نہایت خوش اسلوبی کے ساتھ کیا گیا ہے۔

علاقائی اثرات فنکار کی تخلیقی قوتوں کو نئی منزلوں کی طرف رواں دواں کر دیتے ہیں۔ ہر ادیب اپنے اپنے علاقائی اثرات کو اپنے فن میں سمیٹ کر آگے قدم بڑھاتے ہوئے آفاقیت کی منزل پر پہنچ جاتا ہے۔ لہٰذا موضوع اور مواد کے اعتبار سے کئی ادب پاروں میں علاقائیت کا عمل دخل اس طرح سے نظر آتا ہے کہ یہ ادب پارے علاقائی اثرات کی منہ بولتی تصویریں ثابت ہونے کے علاوہ عمدہ معیاری ادب پاروں کے زمرے میں بھی شامل ہو جاتے ہیں۔ لہٰذا علاقائیت کی حسین فضاؤں میں گذر بسر کرتے ہوئے اگر ایک ادیب یا شاعر غروب آفتاب کی پھولی ہوئی شفق کو سورج کے قتل کی گواہی سے تعبیر کرتا ہے تو اس کی ادبی تخلیق کے ڈانڈے جدیدیت اور آفاقیت سے مل جاتے ہیں اور قاری واہ کہنے پر آمادہ ہو جاتا ہے۔ اکثر ہوتا یہی ہے کہ ادباء و شعراء علاقائیت کے

نشیب و فراز سے گزر کر آفاقی سوچ کی ضیا سے آسمانوں کی بلندیوں پر اڑانیں بھرنے لگتے ہیں تو شاہکار ادب پارے وجود میں آجاتے ہیں۔

گلبرگہ کے ایک مشہور افسانہ نگار اکرام باگ کے افسانے اس بات کے مظہر ہیں کہ انھوں نے زندگی کی تصویر وں میں علاقائی رنگ بھر کر حیات و کائنات کی صداقتوں کو اخذ کرنے کی ایسی کوشش کی ہے کہ ان کے قلم نے آفاقیت کی منزل کو چھولیا ہے۔ اکرام باگ کا افسانہ 'حیات' ایسا ہی ایک افسانہ ہے۔ اس کا راوی اپنے محلے کے گلیاروں میں بسنے والے معذور اور اپاہج افراد کے مشاہدے سے انسان کی جینے کی ہوس کا اندازہ لگاتا ہے اور یہ نتیجہ اخذ کرتا ہے کہ اس کی جینے کی ہوس نے ہی شاید روح کی عظمت کا فلسفہ ایجاد کیا ہوگا۔ (ص ۱۳، افسانوں کا مجموعہ کُوچ)۔ ایک کوڑھی کو پانچ سال سے گھسٹ گھسٹ کر جیتے ہوئے دیکھنے تک جو کہانی علاقائیت کی حدود میں آگے بڑھ رہی ہوتی ہے، آگے چل کر آفاقیت کی طرف کُوچ کر جاتی ہے۔ کئی حسی علامتوں کی مدد سے اِکرام باگ یہ ثابت کرنے کی کوشش کرتے ہیں کہ زندگی کے راز نہ تو سماجیات کا پروفیسر جان سکتا ہے، نہ کوئی مذہبی عالم انھیں کھول سکتا ہے، نہ ہی سیاست میں ہر بات کو جائز سمجھنے والا سیاست دان انھیں پہچان سکتا ہے، نہ ہی کوئی سائنس دان ان کی حقیقت معلوم کر سکتا ہے اور نہ ہی یہ کسی مجنوں کے ہاتھ لگ سکتے ہیں، حیات تو تنگی دیواروں، خالی کمروں، کھلی چھت اور سُونے فرش والے خالی کمرے کی طرح ہے۔ چنانچہ اکرام باگ کے افسانے اس بات کے مظہر ہیں کہ ادیب زندگی کی تصویروں کو علاقائی رنگوں میں ابھار کر حیات و کائنات کی سچائیاں عیاں کر دیتا ہے اور اپنے ادب پاروں کو آفاقیت کے شاہکار تسلیم کروالیتا ہے۔ ان کے افسانے علاقائیت سے گذر کر فلسفیانہ سوچ و فکر کی آئینہ داری کرتے ہیں، ان میں افسانہ نگار علاقائیت کے نشیب و فراز سے گزر کر آفاقیت کی ضیا حاصل کر لیتا ہے

اورآسمانوں کی بلندیوں پر اڑانیں بھر کر عالمی قدروں کا نگار خانہ تخلیق کر دیتا ہے۔ علاقائیت کا یہ عمل صرف اکرام باگ کے ہاں ہی نہیں بلکہ پورے ترقی پسند، جدید، مابعد جدید ہر قسم کے ادب میں کسی نہ کسی نہج پر اپنا چہرہ دکھاتا ہے۔ چنانچہ جدید نظموں کی شاعرہ شائستہ یوسف بھی قطب شاہ کے قلعے کے کھنڈروں کا نظارہ کرتی ہیں تو تنہائی کی لذت و کرب کے تجربہ سے گزرتی ہیں اور اسے "قطب شاہی قلعے کے کھنڈرات کی ایک شام" کے بطور نظم قلم بند کرنے میں سکون محسوس کرتی ہیں۔

اسی طرح کرناٹک کے مشہور شاعر ماہر منصور کی نظم "کمرشیل اسٹریٹ کی ایک شام" میں ہمیں علاقائیت سے آفاقیت اور خارج سے باطن کی طرف سفر کرتا ہوا فنکار ملتا ہے۔ نظم ہے:

ہوا ہے قتل ابھی آفتابِ تیرہ شکن / بکھر گئی ہیں ہر یک سمت خون کی لہریں / یہ رہ گزر ہے یا بہتا ہے نور کا دریا / ادھر اُدھر سے گزرتی ہوئی حسینوں کے / گداز جسموں سے اٹھتی ہیں بھینی خوشبوئیں / ہر ایک سمت سے آتا ہوا یہ جمِ غفیر / نئی تراش کے ملبوس میں حسیں جوڑے / چمکتی کاروں میں آ آ کے یوں اترتے ہیں / نوازتے ہوں۔۔۔ قدم رکھ کے۔۔۔ جیسے دھرتی کو /۔۔۔ ہر ایک دل میں مچلتا ہے آرزو کا لہو / ٹھہر گیا ہے سبک گام کاروانِ حیات / پڑی ہے پاؤں میں زنجیر دلفریبی کی / ابھی گلی سے نکلنے کی دیر تھی ماہر / میرے ضمیر نے چپکے سے یہ کہا مجھ سے / اسی گلی میں کہیں کھو گیا ہوں۔۔۔ میں۔۔۔ ڈھونڈو۔ (ص ۳۸ مجموعہ فاصلہ، ماہر منصور)

جنوب میں گلبرگہ اور حیدر آباد ایسے علاقے ہیں جہاں ۱۹۴۸ میں پولیس ایکشن نے بے انتہا تباہی و بربادی مچائی تھی۔ اس کے اثرات یہاں کے اکثر فکشن نگاروں کے ذہن پر اس طرح چھائے ہوئے ہیں کہ ان کی تخلیقات میں وقفہ بہ وقفہ ان اثرات کے سائے منڈ

لاتے ہوئے نظر آتے ہیں۔ کبھی مالی حالات کے بگاڑ کی صورت میں تو کبھی 'رسی جل گئی پر بل نہیں گیا' کے مصداق احساس برتری کی پیچیدہ بھول بھلیوں میں ان کا عکس ہمیں نظر آ جاتا ہے۔ ڈاکٹر بیگ احساس کے افسانے 'نجات' اور 'کھائی' ان اثرات کی نمایاں مثالیں ہیں۔ جیلانی بانو کے افسانوں میں بھی ہمیں ان اثرات کے مختلف روپ نظر آتے ہیں۔ جیلانی بانو کے دورِ حاضر کے افسانے حیدر آباد کے جدید تر معاشرتی مسائل کا انتہائی فنکاری کے ساتھ احاطہ کرتے ہیں اور اس احاطے میں وہاں کے علاقائی اثرات کی دھوپ چھاؤں آنکھ مچولی کھیلتی نظر آتی ہے۔ ان کے ایک افسانے 'جنت کی تلاش' میں ایک ایسے مولوی صاحب کو پیش کیا گیا ہے جو سڑکوں پر بھیک مانگنے والے اور جھونپڑیوں میں رہنے والے بے سہارا بچوں کو مسجد کے آنگن میں بٹھا کر مذہبی تعلیم دیتے ہیں۔ ایک دن جب وہ ان بچوں کو دوزخ کے بارے میں بتاتے ہوئے کہتے ہیں کہ دوزخ آسمان پر ہے، وہاں اندھیرا ہوگا، بھوک لگے گی، مگر کھانا نہیں ملے گا، پینے کو پانی نہیں ہوگا، سانپ اور بچھو کاٹنے کو آئیں گے، بچھانے کو بستر ملے گا نہ اوڑھنے کو چادر ملے گی تو ایک بچی اپنی ساتھی رضیہ سے کہتی ہے کہ مولوی صاحب کو معلوم نہیں ہے کہ دوزخ آسمان پر نہیں ہے۔ اس بات پر مولوی صاحب کی ڈانٹ پھٹکار کے بعد مولوی صاحب کی ناراضگی سے ڈر کر وہ بچی روتے ہوئے دونوں کانوں پر ہاتھ رکھ کر کہتی ہے " میں جھوٹ نہیں بول رہی ہوں مولوی صاحب، جنگم بستی میں ہماری جھونپڑی دوزخ میں ہے۔ رات کو جب ہمارا باوا سیندھی پی کر آتا ہے، اماں کو مارتا ہے تو اماں روتے روتے بولتی ہے 'یہ گھر تو دوزخ میں ہے"اس کے بعد ایک دوسرا بچہ کہتا ہے " ہو مولوی صاحب، ہمارا گھر بھی دوزخ میں ہے، آپ بولے نا دوزخ میں اندھیرا ہوگا، کھانا پانی نہیں ملے گا! ہمارے گھر میں لائٹ نہیں ہے۔ چراغ میں تیل نہیں ہوتا تو اندھیرا ہو جاتا ہے۔" اسی طرح ایک اور بچہ کہتا ہے "اور بارش ہوتی

ہے تو ہماری جھونپڑی میں پانی آجاتا ہے، رات سانپ بھی نکلا تھا۔" وغیرہ، وغیرہ۔ یہ سب سن کر مولوی صاحب کا سر جھک جاتا ہے اور وہ سوچتے ہیں کہ اب کون سا عذاب ہے جس سے ان بچوں کو ڈراؤں۔ غرض کہ یہ افسانہ بڑی خوبی کے ساتھ، کئی علاقائی حقائق کے علاوہ نہ صرف حیدر آباد کی اس حقیقت کی بھی عکاسی کرتا ہے کہ آج وہاں پر ایک طرف دولت کی ریل پیل نظر آتی ہے تو دوسری طرف ایسے مسلمان خاندان بھی بستے ہیں جن کی زندگی دوزخ کا نمونہ پیش کرتی ہے بلکہ پوری دنیا کے غریبوں کے رستے ہوئے زخموں کا جیتا جاگتا نقشہ پیش کر دیتا ہے۔ اسی طرح جیلانی بانو کی کئی تخلیقات ایسی ہیں جن میں آندھرا پردیش کی علاقائیت کو نہایت سلیقے کے ساتھ منعکس کیا گیا ہے۔ افسانہ بعنوان "کل رات ہمارے گھر مرزا غالب اور عصمت چغتائی آئے تھے" میں جیلانی بانو نے بڑے تیکھے انداز میں وہاں کے علاقائی پکوان "کھٹی دال اور چاول" کا مذاق اڑایا ہے۔ اس کے علاوہ مرزا غالب عصمت چغتائی کو "عصمت بی بی!" کہہ کر مخاطب کرتے ہیں تو خواتین کے لیے حیدر آباد اور گلبرگہ والوں کا روایتی طرز تخاطب سامنے آجاتا ہے۔

جنوبی ہند کے اردو ادب کو یہاں کے جغرافیائی حالات نے بھی علاقائیت کے اثرات کا ایک انمول نگار خانہ بنانے میں بڑی مدد کی ہے۔ چنانچہ حیدر آباد کی افسانہ نگار رفیعہ منظور الامین اور تمل ناڈو کے علیم صبا نویدی ایسے فنکار ہیں جن کے افسانوں میں جغرافیائی حالات کے اثرات کے نادر نادر نمونے ملتے ہیں، نادر اس لیے کہ ان فنکاروں نے اپنے دیکھے بھالے مناظر کو اپنے تخیل کی مدد سے ایک نئی حسیت عطا کر کے زبان و بیان کو نیا رنگ و روپ عطا کیا ہے۔ اس کے علاوہ رفیعہ منظور الامین کے افسانوں میں تلنگانہ کے معاشرتی حالات کا احاطہ اس طرح کیا گیا ہے کہ وہاں کے مناظر، اُن کی خوبصورتی،

زبان، عوام کے گذرِ معاش سب کی دلکش عکاسی ملتی ہے۔ مثلاً ایک اقتباس ہے: "اس چھوٹے سے گاؤں کے تقریباً سارے ہی باغیچے کندنا کے باپ ہلّپا کے تھے۔ پان کے باغیچے جہاں ...... چھوٹے بڑے کلی دار پانوں کے پتے کسی بھارت ناٹیم رقاصہ کی خوبصورت ہتھیلیوں کی طرح ہلکی ہوا میں تھرکتے جاتے۔ جب کامگار اپنی انگلیوں میں لوہے کے تیز ناخن پہنے ان پانوں کو ڈنڈی سے کاٹ کر جمع کرتے تو ہمیشہ گیلی رہنے والی زمین میں اُن کے پیر دھنستے جاتے، باغیچے کے اندر گہرے زمردی سائے میں دوسرے ہر رنگ کا احساس مٹ جاتا۔........ پان کے ان باغیچوں کے کناروں پر سپاری کے اکہرے پتلے بانس نما پیڑ تھے جو ایک دوسرے سے کافی دور، شیو جی کے لمبے ترشول کی طرح ایستادہ اور سیدھے تھے۔ یہ پتلے بنسی نما لمبے لمبے پیڑ اپنے سروں پر سپاری کے اکہرے ٹوکرے اٹھائے کسے کسائے برسوں سے یوں ہی کھڑے تھے۔..... "یلّی گے ہوگتی؟" (کہاں جا رہی ہو؟) کندنا نے مینڈھ پر کھڑے کھڑے پوچھا۔ وہ ٹوکری میں بڑے بڑے چیکو جمع کر رہی تھی۔-- وہ کرناٹک کی سانولی سحر تھی، جس میں کولار کے سونے کا رنگ گھلا تھا۔" (دستک سی درِ دل پر ص۷۸-۷۹)۔

اسی طرح تامل ناڈو کے ادیب و شاعر علیم صبا نویدی کے افسانے بھی وہاں کے جغرافیائی اثرات کی ایک بہتریں مثال ہیں۔ مدراس کی نمایاں خصوصیات یہ ہیں کہ وہاں پر انگارے برساتی ہوئی تمازتِ آفتاب، لہریں مارتے ہوئے خوشنما سمندر اور سیاہ فام عوام سے ہمارا سامنا ہوتا ہے۔ اس علاقے کے پروردہ ادیب و شاعر علیم صبا نویدی کے شعور کو ان علاقائی خصوصیات نے اس طرح متاثر کیا ہے کہ انھوں نے ان سب کو انتہائی خوبی کے ساتھ بے شمار استعاروں اور تلازموں میں ڈھال دیا ہے۔ وہ آفتاب کی تمازت کو جذبات و احساس کی تمازت کا پیکر عطا کرتے ہیں اور ٹھاٹیں مارتے ہوئے سمندر کے وجود

کا احساس ان کے شعور پر اس طرح طاری ہے کہ انھوں نے اس کے زیر اثر ریت کا سمندر، دھوپ کا کھولتا ہوا سمندر، چیخوں کا بے کراں سمندر، زندگی کا بے کراں سمندر، اجالوں کا اتھاہ سمندر، وجود کا سمندر اور آکاشی سمندر جیسے استعارے وجود میں لا کر نہ صرف دلچسپی اور جاذبیت کے پہلو پیدا کر دیے ہیں بلکہ سمندر کے تصور کو نئی جہتیں عطا کر کے نئی حسیت کو جنم دیا ہے، یہاں تک کہ وہ ریت کے سمندر کو گرم گرم سانسیں لیتا ہوا محسوس کرتے ہیں۔

ان کے افسانے 'جسموں کی دیوار' کا ایک اقتباس ہے "ہر طرف دھوپ ہی دھوپ تھی، تیز دھوپ، کڑکتی ہوئی دھوپ، دور دور تک دھوپ کا کھولتا ہوا سمندر ٹھاٹیں مار رہا تھا۔" (ص ۲۴، مجموعہ اجلی مسکراہٹ)

علیم صبا نویدی کے ایک اور افسانے کی ابتدا اس طرح ہوتی ہے "چاروں طرف پُوندا ملّی (موگرے) کی خوشبو سے ساحل مدراس کی فضا معطر تھی۔۔۔ ساحل سے دور، بہت دور افق کے کناروں پر بچھی ہوئی سرخ چادریں سورج کے قتل کی گواہی دے رہی تھیں۔۔۔"

(افسانہ شناخت ص ۶۰ مجموعہ ہذا)۔

جنوبی ہند کے ادب میں علاقائی اثرات کی جھلکیاں پیپل کے درخت سے وابستہ عقیدت، اس کی چھاؤں، اس کی چھاؤں میں لگائی ہوئی مورتیوں کی پوجا (اکثر فیاض قریشی کے افسانوں میں) وغیرہ کے ذکر میں بھی ملتی ہیں۔ کبھی کبھی تخلیق کار ایسی معلومات بھی فراہم کر دیتے ہیں جو قاری کی واقفیت کے خزانے میں اضافہ کرتی ہیں۔ رفیعہ منظور الامین کا افسانہ 'تنگا منی' (مشمولہ مجموعہ دستک سی درِ دل پر) اسی نوعیت کا افسانہ ہے. اس کے ذریعے کوچین کے ساحل پر بسنے والے مچھیروں کے نشیب و فراز سامنے آتے ہیں تو

اس بات کا بھی پتہ چلتا ہے کہ کوچین کے چھ سو سال پرانے کلیسا میں پُرتگیزی سیاح اور جہازراں واسکوڈی گاما کو دفن کیا گیا تھا اور دفنانے کے صدیوں بعد اس کے تابوت کو قبر سے نکال کر پرتگال پہنچا دیا گیا تھا (ص ۱۵ مجموعہ ہذا)۔ انھوں نے بھی علاقائی مناظر کے زیر اثر بعض نادر تشبیہیں اور سحر انگیز زبان استعمال کی ہے جیسے کہ " طوفانی سمندر اژدھے کی طرح پھنکار رہا تھا" یا یہ کہ "...... اس کی سسکیوں کی آواز جھونپڑے کے باہر تہس نہس کرتی ہوا کے تانڈو رقص میں گم ہو کر رہ گئی " یا پھر "گنی چُنی مچھلیاں اس کے جال میں دیدے چمکا رہی ہوتیں" وغیرہ۔ کبھی ایسا بھی ہوتا ہے کہ علاقائی رسوم ورواج اور عقائد کے پردے ہٹائے جاتے ہیں تو علاقائیت کو جدیدیت اور مابعد جدیدیت کے ساتھ جوڑ کر تخلیق کی قدر وقیمت بڑھانے کی کوشش نمایاں نظر آتی ہے (مثلاً آبگینہ، ادھورا پہیہ۔ اکرام باگ)۔ محمد مظہر الزماں خاں اور مجتبیٰ حسین جیسے عالمی شہرت یافتہ فنکاروں نے علاقائیت سے کام لے کر زندگی کے تلخ حقائق کو بہت ہی پیارے اور شگفتہ سے اسلوب میں اس طرح سجا دیا ہے جیسے کہ کونین کی کڑوی گولیوں کو شکر کی چاشنی میں لپیٹ کر پیش کیا جاتا ہے۔ غرض یہ کہ ادب اور علاقائیت میں ایک اٹوٹ سا رشتہ پایا جاتا ہے اور تنقید کی ریڈیائی لہریں جب ادب پاروں کے باطن کو تلاش کرتی ہیں تو ایک ایسا لمحۂ فکریہ بھی جنم لیتا ہے جسے جدید اور آفاقی تخلیقات کے اندر بھی کہیں نہ کہیں علاقائیت کے سوتے ابلتے ہوئے نظر آتے ہیں۔

***

# ۵

# پانی پت کی چند مایہ ناز علمی و ادبی ہستیاں

## رؤف خیر

پانی پت کی جنگوں کی تاریخی اہمیت اپنی جگہ مسلم ہے مگر اس کی ادبی و مذہبی شناخت میں جن شخصیات نے اپنا حصہ ادا کیا ہے وہ بھی تاریخی حیثیت کی حامل ہیں۔ ان میں سب سے قد آور شخصیت شمس العلما خواجہ الطاف حسین حالی کی ہے۔ مرزا غالب کو روشناسِ خلق کروانے میں حالی کی خدمات کے اہل نظر تو معترف ہیں ہی خود غالب کو بھی اس کا احساس رہا خوش گمان غالب یہ کہہ کر دل کو تسلی دے رہے تھے۔

ہوں گرمیِ نشاطِ تصور سے نغمہ سنج
میں عندلیبِ گلشنِ ناآفریدہ ہوں

شہ کا مصاحب ہونے سے ذوق کا مقام و مرتبہ اس دور میں اونچا تھا۔ مومن اپنی ذہانت و رومانیت کی وجہ سے مقبول خاص و عام تھے۔ غالب کے بارے میں عام خیال یہی پایا جاتا تھا کہ اپنا کہا خود سمجھیں یا خدا سمجھے۔ اسی لیے غالب گویم مشکل و گرنہ گویم مشکل کی منزل سے گزر رہے تھے۔ سچ پوچھیے تو غالب پر حالی کا بڑا احسان ہے جہاں حالی نے 'یادگارِ غالب' کے ذریعے غالب کو یادگار بنا دیا، وہیں سرسید احمد خان کو بھی 'حیاتِ جاوید' بخشی۔ غالب کی طرح سرسید بھی اپنے دور میں سیاسی و مذہبی، سماجی و اصلاحی اعتقادات و

اقدامات کی وجہ سے عوام میں نامقبول ہی رہے۔ وہ تو خواجہ الطاف حسین حالی ہیں جنھوں نے غالب و سرسید کی بلند قامتی کا احساس کروایا۔ سرسید کی ایما پر 'مدوجزر اسلام' (مسدس حالی) جیسا شاہ کار ادب کو دیا اسے سرسید بھی اپنے لیے 'شاہ نیکی' خیال کرتے تھے۔ جدید نظم اور جدید تنقید کے بنیاد گزاروں میں بھی حالی کا نام لیا جاتا ہے۔ 'مقدمۂ شعر و شاعری' کے ذریعے حالی نے شعری منظر نامہ ہی بدل کر رکھ دیا۔ حالی نے شعر کی خصوصیات میں سادگی، اصلیت جوش کی اہمیت دکھائی وہیں شاعر کے لیے رہنما اصول (بلند تخیل، عمیق مطالعۂ کائنات اور تفحصِ الفاظ) کا بے مثال تحفہ دیا۔

پانی پت کی دوسری بڑی شخصیت پروفیسر وحید الدین سلیم پانی پتی کی ہے ۱۸۵۹ میں پیدا ہونے والے سلیم ۱۹۲۸ میں اپنے پیچھے کئی کارنامے چھوڑ گئے۔ پانی پت سے آگے بڑھے تو علی گڑھ میں سرسید احمد خاں کی خدمت میں جٹے رہے۔ فرماں روائے حیدرآباد میر عثمان علی خاں بہادر نظام سابع نے حیدرآباد کو مثالی مملکت بنانے میں سرسید کا تعاون چاہا تو انھوں نے اپنے خاص معتمد و معتبر حضرات جیسے مہدی علی خان اور وحید الدین سلیم کو اپنی سفارش کے ساتھ بھیجا۔ مہدی علی خان محسن الملک ہوگئے اور وحید الدین سلیم عثمانیہ یونیورسٹی کے پروفیسر ہوگئے۔ دوسرے صدر شعبۂ اردو ہوئے پھر دارالترجمہ میں وضع اصطلاحات کمیٹی کے خاص رکن ٹھہرے۔

خواجہ احمد عباس بھی پانی پت کی خاک سے اٹھنے والے اور حالی کے خاندان کے مشہور و ممتاز فرد تھے۔ ان کا ناول 'انقلاب' شاہ کار سمجھا جاتا تھا۔ وہ پکے سیکولر قلم کار تھے۔ گاندھیائی فلسفے کے ہم نوا مگر کمیونسٹ تھے۔ جب مرے تو وصیت کی کہ ان کی میت کو ترنگے میں لپیٹ کر آخری رسومات ادا کی جائیں۔ ہفتہ وار بلٹز میں وہ 'آزاد قلم' کالم لکھتے تھے جو ان کی حق گوئی و بے باکی کا ترجمان تھا۔ راج کپور کے لیے کئی فلمیں لکھیں جو

کامیاب ثابت ہوئیں۔ 'میرا نام جوکر' نے کامیابی کا ریکارڈ قائم کیا۔ انھوں نے اپنے طور پر جو آرٹ فلمیں بنائیں وہ شاہ کار ٹھہریں۔ ان کے افسانے ناول منفرد ہوا کرتے تھے۔ وہ انگریزی اور اردو دونوں زبانوں میں لکھتے تھے اور دونوں زبانوں پر یکساں دسترس رکھتے تھے۔ پانی پت میں موجود ان کی موروثی جائیداد کو ان کے جیتے جی کسٹوڈین نے پاکستان سے آنے والے شرنارتھیوں کو الاٹ کر دیا تھا۔ خواجہ احمد عباس نے دس سال تک مقدمہ بازی کر کے کسٹوڈین سے وہ جائیداد بالآخر حاصل کی جس کے وہ یقیناً مستحق تھے مگر چونکہ وہ سیکولر ذہنیت کے حامل ادیب بھی تھے چنانچہ انھوں نے اپنا وہ گھر انہی شرنارتھیوں کو معمولی رقم کے عوض بیچ بھی دیا۔

ڈاکٹر کمار پانی پتی نے اپنی کتاب 'عہد ساز ادبی شخصیتیں' حصہ اول میں لکھا:

"میں سوچتا ہوں کاش اس گھر میں کوئی لائبریری ہوتی یا کسی اردو ادارے کا کوئی دفتر ہوتا اور یہ اردو گھر خواجہ صاحب کے ادبی وقار کی علامت بن جاتا"

پانی پت کے ایک اور مشہور و ممتاز نظم گو شاعر بشیشر ناتھ کنول گزرے ہیں اگرچہ انھوں نے غزلیں بھی کہی ہیں مگر نظم کی وجہ سے انھیں زیادہ شہرت ملی۔

کنول قومی یک جہتی کے علم بردار بھی تھے۔ چنانچہ اپنی ایک نظم میں وہ کہتے ہیں ۔

راستہ کیا ہے وہ جس کی منزل نہ ہو
سوے منزل نہ جاؤ قدم روک لو
ہندو سکھ ہو مسلماں ہو عیسائی ہو
یوں چلو مل کے جیسے سگے بھائی ہو
میری آواز اگر سن سکو تو سنو
تم سبھی ایک ہو، ایک ہو، ایک ہو

افسوس ۱۳ فروری ۱۹۹۰ کو پانی پت کے اس بے باک شاعر کا کریا کرم کیا گیا۔ اسی سال ڈاکٹر کمار پانی پتی نے کنول کے فکر و فن کو خراج عقیدت پیش کرنے کے لیے ایک کتاب 'جام ہاتھوں میں رہا' ترتیب دی۔

پانی پت اردو کے ساتھ ساتھ فارسی ادب کا بھی گڑھ رہا ہے۔ دینی و مذہبی اداروں میں عربی کا بھی زور تھا۔ آزادی سے پہلے پانی پت میں سات ہزار کی آبادی تھی جس میں چار ہزار مسلمان اور تین ہزار غیر مسلم تھے مگر جیسے ہی ملک تقسیم ہوا مسلمان بچتے بچاتے پاکستان ہجرت کر گئے۔

ایک زمانہ تھا پانی پت میں غیر مسلم بھی اردو کے ساتھ ساتھ فارسی میں شعر کہا کرتے تھے ۱۹۱۸ میں پیدا ہونے والے کندن لال اخگر شاہانی فارسی اور تاریخ میں ایم۔ اے تھے۔ دوآبہ کالج جالندھر اور دیال سنگھ کالج کرنال میں وہ لکچرر تھے۔ وہ فتح محمد فاتح کے شاگرد تھے۔ اردو میں ان کے چھ شعری مجموعے گستاخیاں، رعنائیاں، رنگینیاں، تجلیاں، بے باکیاں اور گل باریاں شائع ہو چکے ہیں۔ ادبی مرکز نے پانی پت سے ان کا ایک مجموعہ 'گلبانگِ پارسی' بھی شائع کیا۔ اخگر شاہانی کے بعض اردو شعر تو ضرب المثل ہو کے رہ گئے ہیں اور ان کے احباب کی زبانوں پر ہیں۔ جیسے ؎

وقت کے ساتھ میں نہیں چلتا
وقت ہی میرے ساتھ چلتا ہے

کسی کے دل میں اترنا تو مجھ کو آتا ہے
کسی کے دل سے اترنا مجھے نہیں آتا

ڈاکٹر کمار پانی پتی سے ان کی مراسلت رہی۔ وہ بزم سخن کرنال کے بانی مبانی تھے۔ کسی ادبی شخصیت کی آمد پر یا مہینے دو مہینے بزم کی نشستیں ہوتی تھیں تو وہ احباب کو جمع

کرتے تھے اور ان کی آمد و رفت کا خرچ برداشت کرتے تھے۔ اخگر شاہانی کے بچے کیرل میں ملازمت کرتے تھے اور وہیں Settle ہو گئے تھے۔ اخگر صاحب کرنال چھوڑ کر کیرل بادلِ نخواستہ گئے۔ وہ چاہتے تھے کہ ان کے فارسی کلام کا مجموعہ گلبانگِ پارسی جلد چھپ جائے جس کی کتابت ہریانہ کے معروف خوش نویس رام نرائن مستانہ پانی پتی کر رہے تھے۔ اخگر شاہانی نے اپنے فارسی شعری مجموعے کا پیش لفظ فارسی میں لکھا اور اس کا انتساب اپنے استاد فتح محمد صاحب فاتح ساہیوال۔ پاکستان کے نام کیا۔ ۱۹ اپریل ۱۹۸۸ کو پیش لفظ لکھنے کے چند ہی دنوں بعد ان کا انتقال ہو گیا مگر ان کے وفادار دوست ڈاکٹر کمار پانی پتی نے گلبانگِ پارسی بہت جلد ۱۹۸۹ ہی میں شائع کر کے اخگر صاحب کی آتما کی شانتی کا سامان کر دیا۔

اخگر شاہانی کی پہلی غزل کا مطلع ہے:

دوش من در خواب دیدم دلبر گلفام را
بادلِ خود جفت دیدم راحت و آرام را

جملہ ایک سو غزلوں پر مشتمل گلبانگِ پارسی اخگر شاہانی کی فکری خلاقی کا مظہر ہے۔ ان میں بعض غزلیں دس اشعار پر 'بعض نو بعض سات یا پانچ اور تین غزلیں دو دو اشعار پر بھی ہیں۔ ان کی چالیسویں غزل کے دو شعر ان کی فکری پرواز کے غماز ہیں۔

رامش گری کمال بکردہ زِتان سین
اِمروز تاجدار او وشنود گمبر است
شب چوں نظر بہ سوے نجوم فضا کنم
ہر اختر ایں زند کہ او تابندہ اخگر است

کتابت کی غلطیاں دور ہو جاتیں اگر یہ مجموعہ ان کی زندگی میں شائع ہو جاتا۔ حیرت

کا مقام تو یہ ہے کہ پانی پت جیسے مقام پر رہتے ہوئے اخگر شاہانی نے اردو کے ساتھ ساتھ فارسی مذاق کو بھی زندہ رکھا۔

ہریانہ کے پہلے راج کوی لالہ انوپ چند آفتاب پانی پتی کی حق گوئی وبے باکی سے متعلق ڈاکٹر کمار پانی پتی نے 'عہد ساز ادبی شخصیتیں' میں لکھا کہ جوش ملیح آبادی نے جب ہندوستان میں شراب کی پابندی کے خلاف نظم کہی تھی کہ۔

انسان کے لہو کو پیو اذنِ عام ہے
انگور کی شراب کا پینا حرام ہے!

آفتاب پانی پتی نے جواباً سخت لہجے میں جوش کارد کیا۔ اور چوٹ کی۔

کیا ان سے درس لیں گے مری قوم کے جواں
عیاشیوں میں کٹ گئیں جن کی جوانیاں

گویا 'یادوں کی برات' کی طرف اشارہ ہے۔ ویسے شراب بندی کے خلاف جوش نے لال قلعے کے مشاعرے میں پنڈت جواہر لال نہرو کی موجودگی میں وہ گستاخانہ نظم سنائی تھی تو گوپال متل نے فی البدیہہ اس کا جواب دیا تھا۔ لالہ انوپ چند آفتاب پانی پتی گاندھیائی فلسفے کے ہم نوا اور حب الوطنی سے سرشار تھے۔ ان کے کئی شعری مجموعے شائع ہو چکے ہیں جیسے:

کلام آفتاب۔ ۱۹۱۵، سیلابِ اشک۔ ۱۹۲۱، نغمۂ روح۔ ۱۹۲۱، آفتابِ وطن۔ ۱۹۳۱، زخم وطن۔ ۱۹۳۴، جذباتِ آفتاب۔ ۱۹۴۰، جوشِ وطن۔ ۱۹۴۱، جذبات کی دنیا۔ ۱۹۵۵، حبِ وطن۔ ۱۹۶۱ اور شمشیرِ وطن۔ ۱۹۶۶

پانی پت کی خاک سے اٹھنے والا رام ریاض ایک غیر معمولی ذہین شاعر تھا۔ چوتھی دہائی میں پیدا ہونے والا رام ریاض تقسیم ملک کے ہنگاموں میں اپنے والدین کے ساتھ

ہجرت کرکے جھنگ پاکستان پہنچ گیا۔ کچھ دن ٹیچری کرنے والا رام ریاض ایم اے کر چکا تھا بھٹو کے دور میں وہ فیملی پلاننگ محکمے میں PPO کے عہدے پر فائز تھا مگر جنرل ضیاء الحق کے دور میں وہ دیگر ملازمین کے ساتھ ملازمت سے سبک دوش کر دیا گیا۔ ظاہر ہے نس بندی کو ضیاء الحق نے غیر اسلامی قرار دے دیا ہو گا۔

رام ریاض بڑا اچھا شاعر تھا۔ اس کی مقبولیت میں اضافہ ہوتا رہا۔ ادبی حلقوں اور مشاعروں کا وہ کامیاب باغی شاعر شمار ہوتا تھا۔ اس کے چند مشہور شعر ہیں۔

تیرے اور میرے ستارے جو نہیں ملتے ہیں
تجھ میں اور مجھ میں کوئی فرق تو بنیادی ہے

میں تیری مدح تو کر سکتا ہوں لیکن اس میں
میرے فن کی ہی نہیں خلق کی بربادی ہے

اجاڑ سڑکوں پہ خاموش بہتا رہتا ہے
ہمارے خون کو عادت نہیں اُبلنے کی

ہنسی خوشی سے گزارو کہ رُت نہیں آئی
حصارِ حبس سے باہر ابھی نکلنے کی

سب اپنا لہو چاٹ کے ہو جاتے ہیں خاموش
دیتا ہے یہاں کون دہائی، مرے بھائی

دشمن تجھے کیسے نظر آنے لگے دشمن
تو نے ابھی دیکھے نہیں بھائی، مرے بھائی

رام ریاض اپنے مولد پانی پت آنے کا بڑا خواہش مند تھا مگر ۱۹۸۶ میں وہ فالج کا شکار ہو گیا اور چار سال بعد ستمبر ۱۹۹۰ میں دنیا سے منہ موڑ گیا۔

ڈاکٹر دولت رام صابر پانی پتی ایک پُرگو شاعر تھے وہ مولانا تاجور کے شاگرد تھے۔ڈاکٹر قمر رئیس نے فرمایا تھا:

"زبان کی دروبست سے سادگی و پرکاری پیدا کرنا اور مصرعوں کو کچھ اس طرح تراشنا کہ وہ برجستہ مکالموں کا مزہ دینے لگیں، مشکل فن ہے مگر مولانا تاجور کا ایک بہترین شاگرد ہونے کا ثبوت دیتے ہوئے ڈاکٹر موصوف (دولت رام صابر) نے اس مشکل کام کو خاصا آسان بنا رکھا تھا"

ان کا شعر ہے۔

کس شان کی حامل ہے مری دشت نوردی
جوتا بھی جو پاؤں میں نہیں ہے تو نہیں ہے

اس کے دوسرے مصرعے پر باضابطہ طرحی مشاعرہ ہوا جس میں کئی ممتاز شاعروں نے طبع آزمائی کی جیسے مہندر پرتاپ چاند، ڈاکٹر رانا گنوری، ڈاکٹر جی آر کنول، اخگر پانی پتی، عرش صہبائی، شمس تبریزی، سید ضیا علوی، مسلم طاہری، سراج پیکر، یعقوب اعظم، محترمہ ممتاز نازاں، پریم لتا اور ڈاکٹر کمار پانی پتی وغیرہ۔

ڈاکٹر کمار پانی پتی کی وجہ سے اردو ادب کے نقشے میں پانی پت کا نام زندہ و تابندہ ہے۔ادبی مرکز کا قیام اور اس کے تحت شعروادب کی محفلیں برپا کرنا اور کتابوں کی اشاعت ان کا مشغلہ رہا وہ یہ ساری خدمات اردو کی محبت میں کرتے رہے ہیں۔ان کا ایک شعری مجموعہ 'آج انسان بننے کا وعدہ کرو' ۲۰۱۴ میں منظر عام پر آیا۔اس کا صرف رسم الخط ہندی ہے ورنہ کمار صاحب تو خالص اردو کے آدمی کہلائے جاسکتے ہیں۔

بے بسی زندگی کی آس میں ہے
کیا بتاؤں کہ کیا گلاس میں ہے

خود خزاں پوچھتی ہے رہ رہ کر
فصل گل آج کس لباس میں ہے
میرے قدموں سے لپٹنے کو ترستی منزلیں
ڈھونڈتی پھرتی ہیں مجھ کو بستی بستی منزلیں
جانے کس برحق زمانے کا پتہ دیتی رہیں
عزمِ محکم کے اشاروں پر برستی منزلیں

شہر حالی و سلیم کی ہونہار بیٹی کماری رچی ملہوترہ سونو ایم اے انگلش تھی اور اپنے والد ڈاکٹر کمار پانی پتی کی طرح بڑی خوش ذوق اور خوش سخن تھی۔ اُسے دکھ تھا تو بس یہ کہ اچھی خاصی قابلیت کے باوجود اسے کسی اچھے ادارے میں اچھی سرکاری ملازمت نہیں مل سکی وہ ایک خانگی اسکول میں معمولی تنخواہ پر ٹیچری کر رہی تھی۔ اسی ناکامی نے اسے زندگی ہی سے مایوس کر دیا اور اس کا ذہنی توازن بگڑ گیا۔ ۱۲ اکتوبر ۱۹۷۵ کو پانی پت میں پہلی سانس لینے والی رچی سونو ۱۱ دسمبر ۲۰۱۳ کو آخری سانس لے کر ہمیشہ ہمیشہ کے لیے خاموش ہوگئی۔ سارا پانی پت اداس ہو گیا۔ ڈاکٹر کمار نے اپنی چہیتی بیٹی کی شعری تخلیقات کو 'آنسوؤں کے موتی' نامی کتاب میں جمع کر کے اُسے بے نام و نشاں ہونے سے بچالیا۔ رچی ملہوترہ سونو اپنے شعری رویے کے بارے میں خود لکھتی ہے۔

شعر لکھتی ہوں کاٹ دیتی ہوں
کیوں کہ دل کو وہ چھو نہیں پاتے
چاہتی ہوں کہ ان میں کچھ بھر دوں
آج کے یگ کو جو بدل ڈالے
دن رات میں پھانسی پہ لٹکتی ہی رہی ہوں

تقدیر کے جنگل میں بھٹکتی ہی رہی ہوں
دشمن تو کسی کی بھی نہیں تھی میں مگر کیوں
ہر شخص کی آنکھوں میں کھٹکتی ہی رہی ہوں

رچی سونو نے زندگی سے بھرپور رومان پرور زندگی کی عکاسی کی ہے۔

مجھے پیار سے اپنی بانہوں میں کس کر
کوئی جارہا ہے مرے دل میں بس کر
میں تیری حقیقت سے واقف ہوں پیارے
نہ مارا اتنی شیخی مرے یار بس کر
میں ناگن ہوں نس نس میں ہے زہر میری
مزہ دیکھ تو بھی مجھے آج ڈس کر

رچی ملہوترہ سونو کی جدائی پر اپنے ہمدردانہ جذبات کا اظہار کرنے والوں میں کئی قلم کار ہیں جیسے اخگر شاہانی، ڈاکٹر شباب للت، وکاس پانی پتی، پرنسپل سکھ دیو، پریم لتا سمن بجاج، آشا متل اور سب سے بڑھ کر ان کے دکھی پتا جی ڈاکٹر کمار پانی پتی۔ USA

پانی پت میں علما و فضلا کی کبھی کوئی کمی نہیں رہی جنھوں نے بھید بھاؤ کے بغیر دین و اخلاق کے ذریعے انسانوں کو انسانیت اور بھائی چارگی سے زندگی گزارنے کا درس دیا۔ "یہ گلیاں ہیں مولانا حالی کی گلیاں" میں ڈاکٹر دھرم دیو سوامی نے ایسی تمام علمی و ادبی شخصیات کا اجمالی ذکر کیا ہے۔ قاضی ثناء اللہ پانی پتی ادھر تو ادھر مولانا ثناء اللہ امر تسری دو ٹکر کے علمائے کرام گزرے ہیں جن کی علمی و مذہبی فتوحات نے تہلکہ مچایا ہے۔ ثناء للہ پانی پتی کے فرزند مولوی احمد اللہ پانی پتی بھی اپنی شناخت رکھتے تھے اور نابغۂ روزگار عالم و شاعر مرزا مظہر جان جاناں دہلوی (۱۶۹۸-۱۷۸۰) کے مرید ہو گئے تھے۔ حضرت شیخ جلال

الدین محمد کبیر الاولیا پانی پتی کا سلطان فیروز شاہ تغلق بھی معتقد تھا اور ان کی ملاقات کو پانی پت آیا کرتا تھا۔ شیخ جلال الدین سماع کا اہتمام کرتے تھے اور ان کا لنگر عام تھا۔ حضرت شمس الدین ترک پانی پتی شمس الاولیا کہلاتے تھے۔ بیشتر صوفیہ کی طرح یہ بھی خاندانِ سادات سے تھے یعنی علوی تھے۔ عبد السلام پانی پتی، عبد الغفور لاری پانی پتی، مولانا عبد الرحمن جانی بھی صاحبِ تصانیف گزرے ہیں۔ فقہ و تصوف میں منفرد مقام کے حامل عبد القادر پانی پتی، شیخ الجنی کے بیٹے مولانا محمد پانی پتی تھے۔ حضرت سید غوث علی شاہ پانی تپی نے مولوی قلندر علی جلال آبادی سے حدیث، فقہ، منطق، دینیات پڑھیں۔ وہ بو علی قلندر کے مزار کے قریب رہا کرتے تھے۔ شیخ گدا پانی پتی، شیخ مودود لاری پانی پتی بھی صاحبِ حال بزرگ پانی پت کی رونق رہے۔ ان صوفیہ کے مزارات پر عوام کا ہجوم عرسوں کے مواقع پر دکھائی دیتا ہے۔ قوالیاں بھی ہوتی ہیں۔

ان کے علاوہ صاحبِ تصانیف علماء میں امان اللہ پانی پتی، قاضی ثناء اللہ عثمانی پانی پتی، عبد الرحمن پانی پتی، شیخ علی بن محمود پانی پتی، عنایت اللہ خاں راسخ پانی پتی، محمد بن محمود، محمد علی انصاری پانی پتی (مصنفِ تاریخ مظفری) ہیں۔ نظام پانی پتی نے سنسکرت کے آثار 'جوگ وششٹ' کا فارسی میں ترجمہ کیا اور بادشاہِ وقت جہانگیر کو پیش کیا تھا۔

سعد اللہ مسیحاے پانی پتی نے رامائن کا فارسی میں منظوم ترجمہ کیا تھا۔ شاہ اللہ پانی پتی نے 'سیر ا الاقطاب' لکھی۔ شرف الدین بو علی قلندر پانی پتی نے بھی ایک مثنوی اور کلیات یادگار چھوڑیں۔ شاہ جہاں کے دور کے شاعر ملا ظاہری پانی پتی نے فارسی شاعری میں اپنا لوہا منوایا۔

قاضی عبد الرحمن تحسین پانی پتی خواجہ الطاف حسین حالی کے گہرے دوستوں میں تھے اور غالب کے شاگرد تھے۔ اردو کی بہ نسبت فارسی میں شعر کہتے تھے ۱۸۷۷ میں

انتقال کیا۔ پانی پت کے مشہور رسالہ حیاتِ نو میں ان کی ایک فارسی غزل سرنامے کے طور پر شائع کی گئی ہے۔ یہ رسالہ حالی مسلم ہائی اسکول پانی پت سے شیخ محمد بدر الاسلام فضلی کی ادارت میں نکلتا تھا۔ قادر پانی پتی اور میر قاسم پانی پتی فارسی میں شعر کہا کرتے تھے۔

قلندر بخش ترابی پانی پتی اور قلندر بخش زیرک پانی پتی دونوں فارسی میں شعر کہتے تھے۔ ترابی کا انتقال ستر برس کی عمر میں ہوا اور عظیم آباد میں مدفون ہیں۔ زیرک کی تعلیم و تربیت شاہ جہاں آباد اور لکھنؤ میں ہوئی۔ ان کے بارے میں آیا ہے کہ ان کا دماغ آسمان پر رہتا ہے یعنی وہ کسی کو خاطر میں نہیں لاتے تھے۔

(بحوالہ ڈاکٹر دھرم دیو سوامی۔ 'یہ گلیاں ہیں مولانا حالی کی گلیاں' ادبی مرکز پانی پت ۱۹۹۲)

مختصر یہ کہ پانی پت شروع ہی سے علم و ادب کا گہوارہ رہا ہے۔ مشاہیر کے کارنامے قصۂ پارینہ ہو کر رہ گئے ہیں اور موجودہ صورتِ حال دیکھ کر دل بھر آتا ہے۔

***

## ٦

# اردو اور بھوجپوری کا رشتہ

**پرواز احمد**

زبان کی وسعت اور ترقی میں لوگوں کی ہجرت بھی خاص اہمیت رکھتی ہے جس کی ایک باقاعدہ تاریخ بھی موجود ہے۔ چودھویں صدی میں محمد بن تغلق نے دیوگری کو دولت آباد کا نام دے کر اپنا دارالسلطنت دہلی سے دولت آباد منتقل کر دیا۔ جس کے سبب بڑی تعداد میں دہلی کی رعایا کو دہلی سے ہجرت کر کے دولت آباد جانا پڑا۔ اس طرح ان کے ساتھ ان کی زبان اور تہذیب و ثقافت بھی دہلی سے دولت آباد منتقل ہوتی ہے۔

برطانوی حکومت میں بھوجپوری خطّے (جنوبی اتر پردیش اور مغربی بہار) کی عوام کو تلاش معاش کے لیے بندھوا مزدور (گرمٹیا) کے شکل میں مختلف ممالک نیپال، فیجی، ماریشس، ٹرینیڈاڈ، سورینام، گیانا، تھائیلنڈ، جنوبی افریقہ، یوگانہ وغیرہ جانا پڑا تھا۔ یہ گرمیٹیا لوگ جہاں بھی گئے اپنی زبان اور تہذیب و ثقافت کے ساتھ گئے اور ایک مدت کے بعد وہیں مستقل سکونت اختیار کر لی۔

ہندوستان میں اردو زبان بڑے پیمانے پر بولی اور سمجھی جانے والی زبانوں میں اپنا ایک الگ مقام رکھتی ہے۔ عموماً ہندستان کے لوگ اپنی علاقائی زبان کے ساتھ کسی نہ کسی قومی سطح کی زبان کا بھی علم رکھتے ہیں۔ ہندوستان کے جس بھی حصے یا خطے میں اردو بولی اور

پڑھی جاتی ہے وہاں کی کوئی نہ کوئی علاقائی زبان ضرور ہوتی ہے۔ ظاہر ہے کہ اس علاقائی زبان پر اردو زبان کا کچھ نہ کچھ اثر پڑا ہوگا۔ اردو زبان کو اپنی روزانہ زندگی میں استعمال کرنے والے لوگ یا اپنی علاقائی زبان میں اردو کے الفاظ کا استعمال کرنے والے لوگ اردو کو اپنے علاقائی زبان کے صوتی نظام کے حساب سے ہی استعمال کرتے ہیں۔

بعض ماہرین لسانیات بیرون ممالک میں بھوجپوری کے پہنچنے اور بولے جانے کی بڑی وجہ گرمٹیا لوگوں کو قرار دیتے ہیں۔ لیکن اس ضمن میں ایک بات جو توجہ طلب ہے وہ یہ ہے کہ بیرون ممالک میں بولی جانے والی بھوجپوری اور ہندوستان کے الگ الگ خطوں میں بولی جانے والی بھوجپوری میں خاصہ فرق ہوتا ہے۔ یہ فرق صوتی اور لفظی دونوں سطح پر دیکھا جاسکتا ہے۔ مثال کے طور پر ماریشس اور بنگال کی بھوجپوری کو دیکھا جا سکتا ہے۔ ماریشس میں بولی جانے والی بھوجپوری اور بنگال میں بولی جانے والی بھوجپوری میں بڑا فرق ہے۔ اس فرق کی ایک بڑی وجہ وہاں کے مقامی ماحول و معاشرت اور دیگر علاقائی زبانوں کا اثر بھی ہے۔

اردو زبان کا بھوجپوری پر اثر تلاش کرنے کے لیے دونوں زبانوں کے فنکاروں کے متعلقہ ان خطوں میں دونوں زبانوں کا اثر تلاش کرنا ہوگا جہاں اردو اور بھوجپوری دونوں زبانیں پڑھی یا بولی جاتی ہیں۔ بھوجپوری کی پیدائش کو جس علاقے سے منسوب کیا جاتا ہے وہ علاقہ بہار کا بھوجپور ہے۔ اسی بہار میں اردو کا ایک مرکز دبستان عظیم آباد کے نام سے اردو ادب کی تاریخ میں اپنی ایک الگ پہچان اور اہمیت رکھتا ہے۔ اردو زبان میں فارسی اور عربی زبانوں کے الفاظ زیادہ استعمال ہونے کی ایک بڑی وجہ یہ ہے کہ اردو جس دور میں پیدا ہوئی اس دور میں ہندوستان میں فارسی زبان کا غلبہ تھا اور فارسی کو سرکاری زبان ہونے کا درجہ حاصل تھا۔ اس وقت کے ہندوستان کا اعلیٰ طبقہ اور ادبا و شعرا بھی

فارسی زبان میں تصنیف و تالیف کرتے تھے۔ لیکن اردو ادب میں فنکاروں کے اُس فن اور زبان کو مقبولیت حاصل ہوئی جس میں زبان اردو کی علاقائی زبانوں اور بولیوں کا بھی استعمال کیا گیا تھا۔

اردو، ہندی اور دیگر زبانوں کی طرح بھوجپوری کی قواعد بھی موجود ہے۔ بھوجپوری صرف و نحو اور قواعد کافی حد تک اردو اور ہندی کے قواعد سے مماثلت رکھتے ہیں۔ اسی طرح لوک ادب، اردو ادب اور بھوجپوری ادب کے مختلف اصناف کئی معنوں میں ملتے جلتے نظر آتے ہیں بس ان کے نام ایک دوسرے سے مختلف ہوتے ہیں۔ داخلی اور خارجی سطح پر لوک گیت اور اردو ادب کی مختلف اصناف کے بیچ مماثلت کو ڈاکٹر قیصر جہاں اپنی کتاب 'اردو گیت' میں اس طرح دیکھتی ہیں:

"خارجی شاعری کے نمونے ہمیں مثنوی، مرثیہ، نظم جدید، قصیدہ اور رباعی کے ایک حصے میں مل جائیں گے۔ داخلی شاعری کے ذیل میں غزل، گیت، اور رباعی کا بڑا حصہ شامل ہے۔"

(اردو گیت از ڈاکٹر قیصر جہاں، مکتبہ جامعہ لمیٹڈ نئی دہلی، ۱۹۷۷، ص ۱۴)

مختلف موضوعات پر لوک گیت کے مختلف اشعار ذیل میں پیش کیے جا رہے ہیں جس میں اردو زبان کے اثر کو بخوبی دیکھا جا سکتا ہے۔

جوڑا–جامہ

"انگ تورے ریشم کا جوڑا
جھالر میں لاگے ہیرا لال رے"

چند مصرعے اور ملاحظہ ہوں۔

"اونچے دالان بند اجوڑا سنوارے

اماتوری بندے سوروج مناوے،
دولہا کے جانی کوئی نجری لگاوے"

(بھوجپوری لوک گیتوں کے ویودھ آیام از ڈاکٹر جیوتی سنہا، اومیگا پبلی کیشن، ۲۰۱۳، ص ۱۹۵)

"الاہ الاہ لوریاں
دودھ بھری کٹوریاں
کٹوری گئی پھوٹ
چندا اماما گئے روٹھ"

)اتر پردیش کے لوک گیت ازاظہر علی فاروقی، قومی کونسل برائے فروغ اردو زبان، ۱۹۸۱، ص ۳۸)

بھوجپوری زبان میں تعزیہ کو 'داہا میاں' یا 'داہا بابا' بھی کہا جاتا ہے۔ بھوجپوری میں محرم کے مہینے میں کربلا کے المیہ سے متعلق جو اشعار گائے یا پڑھے جاتے ہیں ان کو 'داہا' کے نام سے ہی منسوب کیا جاتا ہے۔ داہا کا ایک شعر ملاحظہ ہو۔

"ججرت چوڑن مدینہ و مکہ چلن کربَلوا کی اور
نانا کا روَجوا اور مائی کی کبُریا سے دور
ارے پہنچیں اُو جاڑی جنگلوا، جہاں جُلُم کی بدریا گھنگھور
اور کہلِن آپن کھونواں بہائے کے جُلم کی تیار میں اَجُور"

(بھوجپوری ادب کا تعارف از ڈاکٹر فضل امام، مطبع اسرار کریمی پریس، الہ آباد، ۱۹۴۷، ص ۷۹)

مختلف زبان و ادب میں بارہ ماسہ کی روایت قدیم زمانے سے ہی چلی آ رہی ہے۔

مختلف زبانوں کے علاوہ ہندستان کی مختلف بولیوں میں بھی بارہ ماسے کا رواج دیکھنے کو ملتا ہے۔ بارہ ماسا وہ صنف ادب ہے جس میں عورت کی زبانی اس کے شوہر کی بِرہ (جدائی) کے اوقات کو سال کے بارہ الگ الگ مہینوں کے اعتبار سے پیش کیا جاتا ہے۔ بارہ ماسا میں مختلف موسم، بہار، رُت، میلہ، خزاں وغیرہ کی مناسبت سے شوہر کی جدائی میں ہونے والے غم اور احساسات و جذبات کو موضوع بنایا جاتا ہے۔ اردو اور بھوجپوری میں گیت کی روایت میں بارہ ماسے کا ذکر قدیم زمانے سے ہی دیکھنے کو ملتا ہے۔ بھوجپوری علاقے کے لوگ ایک زمانے سے گرمٹیہ کی شکل میں روزی روٹی کی تلاش میں بیرون ممالک جاتے رہے ہیں۔ شوہر سے جدائی اور اس جدائی میں سال کے مختلف مہینوں اور موسموں میں شوہر کو یاد کرنے کے عمل کو عورتوں نے اپنے گیتوں میں بھی جگہ دی۔ بھوجپوری برہ یا ہجر کے چند مصرعے ملاحظہ ہوں۔

"میرے ساجن! تم کو پردیس ہی جانا تھا
تو اے ساجن! میرا گونا کیوں لائے
کس کے ہاتھ چٹھی لکھ کر بھیجوں اور کس سے سندیس کہلاؤں
کوے سے چٹھی بھیجوں اور پنچھی سے سندیس کہلاؤں"

چند سطریں اور ملاحظہ ہوں جس سے پردیس جا رہے شوہر کے لیے بیوی کے جذبات کی عکاسی ہوتی ہے۔

"کیسے کٹیں گے دن جتن بتائے جاؤ.........
جو تم سیاں میرے جاؤ چکریا اپنی صورت میری بہیاں لکھائے جاؤ
(چاکری) جتن بتائے......... جاؤ"
(لوک گیت از اظہر علی فاروقی، ادارۂ انیس اردو، الہ آباد، ص ۱۴)

بھوجپوری علاقے کے ادبا نے اپنے افسانوں اور ناولوں میں وہاں کے علاقائی اور روایتی موضوعات کو خاص طور پر اہمیت دی ہے جس میں حب الوطنی، مشترکہ تہذیب، تیج تیوہار، غریبی، کسانی، پیدائش اور وفات، ذات پات، خواتین کے حقوق، جاگیدارانہ نظام وغیرہ اہم ہیں۔ان موضوعات کی پیشکش میں متعلقہ سماج کے ضرب المثل اور کہاوتوں وغیرہ کا بھی بخوبی استعمال کیا گیا ہے۔ناول گئودان کا ایک اقتباس ملاحظہ ہو:

"جسم ڈھل گیا تھا۔ خوبصورت گندمی رنگ سانولا پڑ گیا تھا اور آنکھوں سے بھی کم دکھائی دیتا تھا۔ یہ سب کچھ پیٹ کے فکر ہی کے سبب تو تھا۔ کبھی تو جینے کا سکھ نہ ملا۔ اس دائمی خستہ حالی نے اس کی خودداری کو بے دلی میں تبدیل کر دیا تھا۔ جس گرہستی میں پیٹ کو روٹیاں بھی نا مل سکیں اس کے لیے اتنی خوشامد کیوں؟ ان حالات سے اس کا دل برابر بھڑکتا رہتا تھا اور دو چار جھڑکیاں سن لینے ہی پر اسے اصلیت کا پتہ چلتا تھا۔ اس نے ہار کر ہوری کی لاٹھی، مرزئی، پگڑی، جوتے، تمباکو کا بٹوا، سب لا کر اس کے سامنے پٹک دیے۔"

(گئودان از منشی پریم چند، مکتبہ جامعہ دہلی، جنوری ۱۹۶۶، ص ۶)

یہ اقتباس سماج کے اس ماحول و معاشرت کی حقیقت ہے جس سے ایک غریب کسان نبرد آزما ہوتا ہے اور ان پریشانیوں سے خود کو کبھی بھی علیحدہ نہیں کر پاتا ہے۔

اردو زبان کے جو الفاظ بھوجپوری زبان و ادب میں صوتی تبدیلی کے ساتھ استعمال ہوتے رہے ہیں وہ آج بھی رائج ہیں۔ بعض ادیب انھیں اردو کی بگڑی ہوئی شکل قرار دیتے ہیں۔اردو زبان کے جو الفاظ بھوجپوری میں تبدیلی کے ساتھ مستعمل ہیں اس کی بڑی وجہ یہ ہے کہ اردو الفاظ کا ایک بڑا ذخیرہ بھوجپوری میں شامل تو ہوا ہے لیکن اس کو بھوجپوری کے رنگ و آہنگ میں ڈھال کر شامل کیا گیا ہے۔اس طرح وہ اردو الفاظ بھی

بھوجپوری کے الفاظ معلوم ہوتے ہیں۔اسی طرح لوک گیتوں کی زبان بھی علاقائی اور مقامی ہوتی ہے اس وجہ سے الفاظ کے تلفّظ پر مقامی اثر دیکھنے کو ملتا ہے۔ بھوجپوری میں اردو کے ساتھ ساتھ عربی اور فارسی کے الفاظ بھی رائج ہیں۔اس بابت ڈاکٹر افضل امام کا ایک اقتباس ملاحظہ ہو:

" یہ زیادہ تر اردو اور ہندی ہی سے آئے ہیں۔یوں تو عربی اور فارسی کے الفاظ تُلسی داس کی رامائن رام چرت مانس میں بھی ملتے ہیں۔ سورداس، کبیر داس، ملک محمد جائسی اور بہاری وغیرہ کے یہاں بھی استعمال ہوئے ہیں۔ لیکن یہ حقیقت ہے کہ بھوجپوری میں کچھ الفاظ براہ راست فارسی سے آئے ہیں کیونکہ جون پور، ایک عرصہ تک مشرقی سلطنت کا پایۂ تخت تھا۔جون پور کے مشرق اور جنوب میں بھوجپوری علاقہ ہے اور جون پور کی شاہ گنج تحصیل بھوجپوری علاقہ میں آتی ہے۔"

(بھوجپوری ادب کا تعارف از ڈاکٹر فضل امام، مطبع اسرار کریمی پریس، الہ آباد، ۱۹۴۷، صفحہ نمبر ۲۲-۲۳)

بھوجپوری میں ترکی اور عربی زبان کے الفاظ کے استعمال کی وجہ بھوجپوری پر زبان فارسی اور اردو کا اثر ہے اور یہی وجہ ہے کہ بھوجپوری زبان میں اردو، عربی، فارسی اور ہندی کے الفاظ کی بہتات ملتی ہے۔

اردو، عربی، فارسی و ترکی زبان کے چند الفاظ ذیل میں پیش کیے جارہے ہیں جو کچھ تبدیلی کے ساتھ بھوجپوری میں رائج ہیں۔ اُجیر (وزیر)، لاس (لاش)، کھاندانی (خاندانی)، دماگ (دماغ)، نباب (نواب)، ترپھ (طرف)، کابو (قابو)، دسمن (دشمن)، ترکی (ترقی)، دروگہ (داروغہ)، متلب (مطلب)، گلتی (غلطی)، موں کدمہ (مقدمہ)، مسہور (مشہور)، جاگیر، بہادر، ارمان وغیرہ۔

بنارس بھوجپوری کا وہ علاقہ ہے جہاں بولی جاتی ہے۔ اترپردیش کے اس شہر بنارس میں بھوجپوری زبان کے ساتھ اردو الفاظ کا خاصہ استعمال ہوتا ہے۔ بنارس کے مشہور و معروف شعرا میں نذیر بنارسی ایک بڑا نام ہے۔ نذیر بنارسی اپنے کلام میں ان الفاظ کا بخوبی استعمال کرتے ہیں جو اودھ اور اترپردیش کے جنوبی علاقوں میں عام بول چال میں استعمال ہوتے ہیں۔ نذیر بنارسی کی نظم 'پیارا ہندوستان' کا ایک بند ملاحظہ ہو

کالی بلائیں سر پر پالے
شام اودھ کی ڈیرا اڑالے
ایسے میں کون اپنے کو سنبھالے
میر انو اس استھان یہی ہے
پیارا ہندوستان یہی ہے

(کلیات نذیر بنارسی از مرتب ناظر حسین خان، ایجوکیشنل پبلشنگ ہاؤس نئی دہلی ۲۰۱۴، ص ۲۲)

نظم 'پہلی جنگ آزادی' (۱۸۵۷ کے شہیدوں کی یاد میں) کا ایک بند ملاحظہ ہو

"موت آئی گلے جو تم سے ملنے
تم نے اسے دیش پیار سمجھا
جب آکے اجل نے تھپکیاں دیں
ماتا کا اسے دلار سمجھا"

(کلیات نذیر بنارسی از مرتب ناظر حسین خان، ایجوکیشنل پبلشنگ ہاؤس نئی دہلی ۲۰۱۴، ص ۳۰)

نظم 'پیارا ہندوستان' کے بند کے دوسرے مصرعے میں 'ڈیرا' لفظ کا استعمال ہوا ہے۔

اس لفظ کا استعمال عام طور سے ٹھہرنے والی جگہ یا مسکن کے معنی میں ہوتا ہے۔ لفظ ڈیرا فارسی سے اردو میں اور پھر اردو سے بھوجپوری زبان اور عام بول چال کی زبان میں استعمال ہوا ہے۔

وہیں دوسرا بند جو 'پہلی جنگ آزادی' نظم سے اخذ کیا گیا ہے اس کے آخری مصرعے میں لفظ 'دلار' کا استعمال ہوا ہے۔ یہ لفظ بھی بھوجپوری، ہندی اور اردو زبانوں میں خوب استعمال ہوتا ہے۔

درج بالا نظموں کے بندوں میں جس اردو زبان کا استعمال ہوا ہے وہ تہذیب و ثقافت اور لوک زبان سے متعلق عوام کے جذبات سے کافی قریب تر ہے۔ اس سے ان علاقے کے لوگوں کا آزادی اور ثقافت کے متعلق رجحان اور ان کی محبت کا بھی اندازہ ہوتا ہے۔

ہم دیکھتے ہیں کہ اردو ادب میں بہار اور مشرقی اترپردیش کے علاقوں کے شعرا جیسے شاد عظیم آبادی، اصغر گونڈوی، یگانہ چنگیزی، فراق گورکھپوری، اشرف علی فغاں، جمیل مظہری، کلیم عاجز، نذیر بنارسی وغیرہ کے یہاں علاقائی روایتوں کے اثر کے ساتھ ساتھ عوامی زبان کا خاص اثر بھی دیکھنے کو ملتا ہے۔ اس کی بڑی وجہ یہ ہے کہ وہاں کے لوگوں میں بولی کا اثر بھی اسی شدت کے ساتھ نظر آتا ہے جس شدت کے ساتھ زبان کا۔

بہار اور مشرقی اترپردیش کے اردو اور بھوجپوری شعرا کے یہاں ان کی غزلوں اور نظموں میں حب الوطنی، تہذیب و ثقافت، تیج تہوار، مختلف قسم کے پہناوے، مختلف بولیاں، مختلف زبانیں، لوک تہوار، مصوّری، روزی روٹی، کسان، خواتین کے حقوق، ماں باپ کی خدمت، اُمید جیسے ادبی و لسانی موضوعات کو خاص اہمیت دی جاتی ہے یا یوں کہا جائے کہ یہ شعرا عوام کی سادہ زندگی سے قریب تر ہوتے ہیں اور ان کے احساسات و

جذبات اور روزانہ کی زندگی کے عوامل کو اپنی شاعری کا موضوع بناتے ہیں۔

کر دیں گے ہم ایک ان کے لیے خون پسینا
ہم کام کیے جائیں گے مارے ہوئے پتا
آثار بتاتے ہیں پلٹنے کو ہے پانسا
گھورے کے بھی دن کہتے ہیں اک روز پھریں گے
ہم زندہ تھے ہم زندہ ہیں ہم زندہ رہیں گے

(نظم 'داستان آدم' گل نغمہ از فراق گورکھپوری، مطبع الف آفسیٹ پرنٹرس، ص ۱۵۷)

میرا خیال ہے کہ اردو کا بھوجپوری پر اثر دبستان لکھنؤ اور دبستان عظیم آباد کی بڑی دین ہے۔ اردو اور بھوجپوری کے رشتے کے ذیل میں صرف یہ کہہ دینا کہ اردو کا ہی اثر بھوجپوری پر رہا ہے تو یہ درست نہیں ہوگا۔ کسی بھی ادب میں مؤثر طریقے سے اپنی بات اور احساسات و جذبات کو پیش کرنے کے لیے ادیب متعلقہ علاقے کی بولی اور زبانوں کا استعمال کرتا رہا ہے۔ اردو زبان میں بھی شعرا نے اپنے فن پاروں کو مؤثر بنانے کے لیے مختلف بولیوں اور ان کے الفاظ کو اپنے اپنے فن پاروں میں بہت خوبی لے ساتھ برتا ہے۔ مثال کے طور پر فراق کی نظم کا ایک بند ملاحظہ ہو۔

"پرجا ہی ہے دیش کا راجہ
گھر کی چٹائی راج سنگھاسن
سب کی ٹوپی راج مُکٹ ہے
پھوس کا گھر بھی راج محل ہے"

(نظم 'دھرتی کی کروٹ' گل نغمہ از فراق گورکھپوری، مطبع الف آفسیٹ پرنٹرس،

ص ۱۶۲)

نظم کے اس بند میں لفظ پرجا، چٹائی، مُکٹ وغیرہ الفاظ کا استعمال ہوا ہے جو عام بول چال یا لوک ادب میں استعمال ہوتے ہیں۔

اس طرح ہم دیکھتے ہیں کہ جس طرح ایک زبان کسی بولی کو متاثر کرتی ہے اور اپنے ذخیرۂ الفاظ اور صرف و نحو و قواعد کے ذریعے اس کو وسعت و گیرائی عطا کرتی ہے۔ اسی طرح بولیاں بھی کسی بھی زبان و ادب کے ارتقا، ان کی جامعیت اور ان کے ذخیرۂ الفاظ کی وسعت، ان میں اثر پیدا کرنے اور ان کو عوام سے قریب تر لانے اور مقبول عام بنانے میں مددگار ہوتی ہیں۔

***

۷

# تانیثی ادب کی شناخت اور تعیّنِ قدر

ابوالکلام قاسمی

نئے ادبی نظریہ سازوں نے ادب کے ان تمام سکّہ بند معیاروں پر سوالیہ نشانات قائم کیے ہیں جن کے سبب، بالادست فکری اور ادبی طبقات کو ماضی کے ادبی اظہار (Discourse) میں مرکزیت اور مثالی حیثیت حاصل رہی ہے۔ ادب کی روایت میں آفاقی اصولوں کا تصور ہو یا جاگیر دارانہ مسلمات کی قطعیت، غالب سماجی اداروں کی اجارہ داری ہو یا پدرانہ نظام پر قائم سماجی تصورات اور جنسی تفریق کی بالادستی، اس نوع کے سارے معیارات گزشتہ برسوں میں شدت کے ساتھ زیر بحث آئے ہیں۔ ان مباحث کے ماحصل کے طور پر لسانی، ثقافتی اور جنسی اکائیوں کی طرف سے روایتی طور پر تسلیم شدہ اصول و معیار کی نفی پر اصرار بڑھ گیا ہے اور اپنی شناخت کا مسئلہ بنیادی اہمیت اختیار کر گیا ہے۔ بسا اوقات یہ اصرار تشخص کی تلاش کے حوالے سے مسلّمہ اقدار پر خطِ تنسیخ کھینچنے کی صورت میں سامنے آیا۔ تشخص کی تلاش و جستجو کی اس کوشش نے جنسی تفریق پر قائم معاشرے کے فکری اور ادبی اظہارات کی بحث کو ادبی مباحث کے مرکز میں لا کھڑا کیا ہے۔ اس طرح تانیثیت کا مسئلہ نظری اعتبار سے ایک اہم مابعد جدید مسئلہ بھی بن گیا ہے۔ ورجینیا وولف سے لے کر سیمون دی بوائر تک کے درمیانی وقفے میں ادبی

درجہ بندی کے جو مباحث سامنے تھے ان کی حیثیت کہیں طبقاتی اور کہیں نفسیاتی درجہ بندی کی تھی۔ مگر ان دونوں دانش ور خواتین کی تحریروں نے معاصر تانیثی تصورات کی تشکیل جدید کے لیے نئی بنیادیں فراہم کیں۔ یہی سبب ہے کہ مسئلہ، نسائی شناخت کا ہو، تانیثی نظریے کا یا تانیثی تنقید کا ان کی تحریروں سے کسبِ فیض کرنے کی کوشش تقریباً ہر نئی کتاب اور تحریر میں دکھائی دیتی ہے۔

اس میں کوئی شک نہیں کہ اُردو کے حوالے سے تانیثی ادب کی شناخت کے مسائل من و عن وہ نہیں ہوسکتے جن سے مغرب کے تانیثیت پسند مصنّفین دوچار ہیں۔ اس لیے کہ ان کی گفتگو کی اساس نمایاں طور پر مغربی زبانوں کے فکشن اور شاعری کے نمونوں پر قائم ہے۔ تاہم کچھ موازنے کی سہولت کی خاطر اور بڑی حد تک نظریاتی بنیادوں کے تعیّن اور تفہیم کی غرض سے مغربی تانیثیت کی مبادیات سے رجوع کرنا موضوع گفتگو کے تقاضوں کے عین مطابق ہوگا۔

اس تفصیل میں جانا سردست غیر ضروری ہے کہ ورجینیا وولف کی کتاب "A Room of ones own" اور سیمون دی بوائر کی کتاب "The Second sex" نے کیوں کر تانیثی نقطۂ نظر کی ضرورت کا احساس دلایا اور اس بات کی اہمیت واضح کی، مغرب میں ادبی تخلیق اور تنقید کس طرح صدیوں سے رائج پدری نظام کی بنیاد پر قائم تہذیب کی عکّاسی کرتی ہے۔ اس پس منظر میں اُردو کے حوالے سے بھی اس وقت تک تانیثیت پسند نقطۂ نظر کو سمجھنا مشکل ہوگا، جب تک ہم پدری نظام میں مرد کی مرکزیت اور عورت کو غیر سمجھنے کے رویّے کو نشان زد نہ کرلیں اور یہ اندازہ نہ لگالیں کہ جنسی ثنویت کی نشان دہی جن تحریروں کے وسیلے سے کی جاسکتی ہے ان کو مغرب میں کس تجزیاتی طریق کار کے ذریعے زیرِ بحث لایا گیا ہے۔ ڈیل اسپنڈر اور ٹورل موئی نے تانیثی ادبی نظریات کو جس

طرح مرتّب کیا ہے اس کی رو سے مغرب، مرد کی مرکزیت کے تصور کا ایسا عادی ہے کہ اس میں عورت اپنے آپ محکوم یا غیر بن کر رہ جاتی ہے۔ چنانچہ بیش تر ادبی تحریروں میں اس تفریق کا عکس اس طرح منتقل ہوا ہے کہ مرد کرداروں کے مقابلے میں عورت کا کردار نصف بہتر کے بجائے نصف کہتر کے نمونے پیش کرتا ہے۔ اس صورتِ حال میں مردانہ رویّوں کی بالادستی کے سبب مرد ادیبوں کی تحریریں صرف مردوں کے لیے لکھی ہوئی معلوم ہوتی ہیں۔ اس لیے اس رویّے کی مزاحمت کی خاطر ایک ایسے زاویۂ نظر کی شدید ضرورت محسوس کی گئی جو جنسی عدم توازن اور افراط و تفریط کو نشان زد کرسکے اور قدیم و جدید ادب کی قرأت ثانی یا قرأت مختلف پر اصرار کرسکے۔ اس طرزِ مطالعہ کو مزاحمتی قرأت کا بھی نام دیا گیا ہے۔ اس تبدیل شدہ طرزِ مطالعہ نے واضح کیا کہ ہم نے اب تک مرد کے ساتھ متحرک، بہادر اور تعقّل پسند جیسے اوصاف اور عورت کے ساتھ مجہول، کمزور اور جذباتی جیسی منفی صفات وابستہ کررکھی ہیں —اس طریق تنقید نے تانیثی زبان کے مسئلے کو از سرِ نو بحث کا موضوع بنایا ہے اور جملوں کی ساخت، ڈسکورس کی مختلف اقسام اور تانیثی زبان اور اسلوب کے عناصر کی تلاش کو گزشتہ برسوں میں ایک طاقت ور رجحان کی صورت میں تبدیل کردیا ہے —رولاں بارتھ کی معنیات اور دریدا کی لاتشکیل کی مدد سے تانیثیت پسند مصنّفین کے ایک حلقے نے لسانیاتی مطالعہ کی نوعیت تبدیل کردی ہے۔ ان نظریہ سازوں کا بنیادی مسئلہ ایسی نسائی زبان کی اختراع ہے جو پدری بنیاد پر قائم نظام کی توثیق نہ کرے۔

تاہم یہ بات وضاحت کی محتاج ہے کہ تانیثیت ادبی قدر کا نعم البدل کیسے بن سکتی ہے؟ ادب کے قاری کے لیے تانیثی رجحان یا طریق تنقید سے تانیثیت کی شناخت تو بڑی حد تک قائم ہوجاتی ہے، مگر ادب کو ادب کی حیثیت سے پڑھنے اور اس کی پرکھ کی معیار

بندی کرنے کا مسئلہ ہنوز اپنی جگہ بر قرار رہتا ہے۔ اس لیے کہ دوسری طرح کی موضوعاتی شناخت کی طرح تانیثی نقطۂ نظر کو بھی بجائے خود فنّی معیار کا نام تو نہیں دیا جاسکتا، البتّہ اس طرز مطالعہ سے موضوعاتی اور تہذیبی توازن کا نظام ضرور قائم کیا جاسکتا ہے۔ جہاں تک ادبی قدر کی معیار بندی کا سوال ہے تو اس کا تعیّن بہر حال شعریات کے عمومی اصول وضوابط ہی کریں گے۔

تانیثی نظریے کے اس پس منظر کو یوں تو مغرب اور مشرق کی کسی بھی زبان کے ادب کے مطالعہ کی بنیاد بنایا جاسکتا ہے۔ ویسے اگر اُردو کے خصوصی حوالے سے تانیثی ادب کی شناخت قائم کرنے کی کوشش کی جائے تو مغرب کی زبانوں کے مقابلے میں اُردو کا معاملہ زیادہ افراط و تفریط کا شکار دکھائی دیتا ہے۔ ہمارے معاشرتی نظام کے زیرِ اثر ادب میں بھی پدری نظام کی بالادستی شعوری سے کہیں زیادہ تحت الشعوری گہرائیوں میں پیوست ہے کہ خود عورتیں بھی عموماً جنسی تفریق پر قائم اپنے ادبی سرمایے پر قانع ہیں، اور ان کے رویّے اپنی محکومیت کے رجحان کو تقویت دینے میں کچھ کم معاون نہیں۔ اس بات میں کوئی مضائقہ نہیں کہ خواتین اپنے نسائی رویّوں سے بلند ہو کر فلسفیانہ یا دانش ورانہ سطح پر ان ہی ذہنی اور فکری مسائل اور واردات کو اپنے ادب کا موضوع بنائیں جن سے مرد وزن یکساں طور پر دوچار ہیں۔ مگر جس سماج میں طبقاتی کش مکش، زیر دستوں کی حمایت اور معاشرے کی پس ماندہ اکائیوں کے مسائل کا احساس، ادب کے اہم موضوعات بن سکتے ہیں وہاں جنسی تفریق کے مسئلے کو نشان زد کرنے سے چشم پوشی مقام حیرت ہی نہیں مقام غیرت بھی معلوم ہوتی ہے۔

مطالعہ کی سہولت اور ارتکاز کی خاطر اگر شاعری کے حوالے سے اُردو میں تانیثی رجحان کو سمجھنے کی کوشش کی جائے تو اندازہ ہوتا ہے کہ گزشتہ کئی صدیاں اُردو میں نسائی

اظہار کے وجود سے ہی بڑی حد تک عاری ہیں۔ ظاہر ہے کہ جس معاشرے میں عرصے تک خواتین علمی و ادبی سرگرمیوں کا حصّہ ہی بن پائی ہوں اس میں نسائی مسائل اور تانیثی نقطۂ نظر کی تلاش زیادہ سود مند ثابت نہیں ہو سکتی۔ لیکن گزشتہ چند دہائیوں میں خاتون ادیبوں اور شاعروں کی معتدبہ تحریریں کچھ اس تنوع کے ساتھ سامنے آئی ہیں کہ ہم ان کی بنیاد پر نسائی رویّوں کی نوعیت کا تعیّن ضرور کر سکتے ہیں۔ جہاں تک مرد ادیبوں کی تحریروں میں عورت کی امیج کا سوال ہے تو اس سلسلے میں طبقاتی سماج کی ناہمواریوں کی نشان دہی کے دعوے دار شاعروں تک کے یہاں طبقہ اُناث سے ناانصافی کی مثالیں کثرت سے ملتی ہیں۔ اس ضمن میں باقر مہدی کی یہ رائے عبرت ناک صورت حال کو نمایاں کرتی ہے کہ:

"خود ترقّی پسند اور جدید ادیبوں اور شاعروں کی تحریریں عورت کی جذباتی اور معاشرتی کش مکش کو مسخ کر کے پیش کرتی رہی ہیں۔ خواہ وہ راشد کی نظم میں ہم رقص ہو یا مجاز کی 'آنچل کو پرچم بنانے والی باغی لڑکی' ہو، عورت کے جسم و ذہن کی اتنی ہی اہمیت ہو جتنی مرد کی، کہیں نظر نہیں آتی، اور غزل کی حکمرانی نے عورتوں پر تغزل کے دروازے اس طرح بند کیے تھے کہ وہ جان غزل تو بن سکتی تھی مگر خود غزل گو نہیں بن سکتی تھی۔"

اُردو شاعری کے معاصر منظرنامے میں جن شاعرات کی کاوشوں کو سنجیدہ مطالعہ کا موضوع بنایا جا سکتا ہے، ان کی اکثریت بھی جنسی بنیاد پر قائم تفریق کے مسائل کو بالعموم قابلِ اعتنا بھی نہیں سمجھتی۔ بعض شاعرات، نسائی جذبات و احساسات کی پیش کش یا کسی حد تک اعترافی شاعری کی حدوں کو چھوتی ہوئی نظر آتی ہیں اور معدودے چند ایسی ہیں جن کی نظموں میں اپنی صورت حال سے بے اطمینانی، قدرے انحراف اور مساوی حقوق کی طلب کا واضح رجحان ملتا ہے۔ مثال کے طور پر شفیق فاطمہ شعریٰ دانشورانہ موضوعات،

مذہبی اور روحانی محرکات سے دلچسپی اور گہری بصیرت کے سبب، ایک ایسی شاعرہ کا تاثر قائم کرتی ہیں جس کے لیے جنسی بنیاد پر قائم معاشرہ کوئی قابلِ توجہ مسئلہ نہیں محسوس ہوتا۔ تاہم شغریٰ نے اپنی بعض نظموں میں نسائی امیج کو مذہبی حوالوں کے ساتھ نمایاں کرنے کی طرف توجہ دی ہے۔ اس نوع کی نظموں میں‌ان کی ایک قدرے طویل نظم "اے تماشا گاہ عالم روئے تو" کا ایک ذیلی عنوان 'دعائے بانوئے فرعون' ہے۔ انھوں نے اس حصّے سے متعلق حاشیے میں 'بانوئے فرعون' کی تلمیح کے مضمرات بیان کرتے ہوئے اپنے معاشرے میں عورت کی حیثیت پر بھی گفتگو کی ہے۔ نظم کے متعلقہ مصرعے کچھ اس طرح ہیں:

"اب تو میرا گھر وہی گھر / جس کا تو بانی بنے / اب تو تیرے ہی جوارِ قرب کے باغات میں / یارب بسیرا ہو مرا / ـــ رستگاری دے مجھے فرعون سے ارتفاعِ بیت کے اُس دور کا آغاز ہو / جس میں اسوہ / بانوئے فرعون کا اسوہ وہ پہلا سنگ میل / جس پہ اتری تابشِ اُمّ الکتاب۔"

شفیق فاطمہ شغریٰ "بانوئے فرعون" کے کردار کی وضاحت میں اس کی معنویت یوں نمایاں کرتی ہیں :

"بانوئے فرعون کا کارنامہ یہ ہے کہ ان کی دعا کے الفاظ سے یہ عقیدہ ختم ہو جاتا ہے کہ سربراہ خاندان، خاص طور سے شوہر سے غیر مشروط ہم آہنگی کا نام 'وفا' ہے، اور عورت ایک ایسی مخلوق ہے جو اس وفا کی بنا پر باشرف ہے۔ فرعونی جلال و جبروت کو ٹھکراتے ہوئے صرف عائلی نظام ہی سے نہیں، بلکہ ناکسوں کے اہتمام خشک وتر سے بھی غیر مشروط ہم آہنگی کے وفادارانہ عقیدہ کو وہ مسترد کرتی ہیں جس کو آج سے ہزاروں برس پہلے مسترد کرنا، جان کا زیاں تھا۔"

اس حاشیے میں وہ سماجی نابرابری کی تحریکات کے ساتھ جنسی نابرابری کی عالمی تحریک کا بھی ذکر کرتی ہیں اور اسے آزادیٔ اظہار کی بوکھلاہٹ کا نام دیتی ہیں اور ان الفاظ میں اپنے موقف کی مزید وضاحت بھی کر دیتی ہیں :

" یہ ضروری نہیں کہ ان خیالات کی بناء پر، میں اُناثی تحریک کی گردِ کارواں سمجھی جاؤں، سچ بات تو یہ ہے کہ اس تحریک کے رطب ویابس کا بوجھ اُٹھانا میرے بس کا روگ نہیں۔"

شاید یہ کہنے کی ضرورت نہیں کہ اپنی نظم کے بین السطور میں ایک نسائی امیج کو مثالی اور انحرافی قرار دینے کے باوجود، شغریٰ آزادیٔ اظہار کی ان سرحدوں کو چھونا نہیں چاہتیں جہاں مذہبی قدغن سے سابقہ پڑنے کا اندیشہ ہو۔

کم و بیش یہی صورت حال شاعرات کی غزل گوئی کی ہے۔ غزل گو شاعرات کا عام رویّہ تانیثی نقطۂ نظر کے اظہار کے برخلاف غزل کے مروجّہ موضوعات سے دلچسپی اور جنسی تفریق پر قائم ثنویت سے صرف نظر کرنے کی صورت میں سامنے آیا ہے۔ البتّہ بعض شاعرات نے اپنے عشقیہ جذبات کو خواب ناک محبوبیت کے ساتھ یا خود سپردگی کی شکل میں پیش کرنے کی کوشش ضرور کی ہے۔ کشور ناہید اور فہمیدہ ریاض کی غزلوں کے تسلسل کے طور پر پروین شاکر، رفیعہ شبنم عابدی اور عشرت آفریں کے اشعار میں حسّی اور جذباتی نسائیت کے عناصر ملتے ہیں۔ مگر چوں کہ ان حسّی اور جذباتی مسائل کو کبھی نابلوغت سے وابستہ جذبات کا نام دیا گیا اور کبھی ان پر ناپختہ کار تجربے کا الزام عائد کیا گیا، اس لیے تنقیدی دہشت گردی کی ہیبت نے اس رجحان کو بھی زیادہ پنپنے کا موقع نہیں دیا۔ حالاں کہ حقیقت یہ ہے کہ ہر عمر کا سچّا تجربہ، سچّے اظہار سے ہم آہنگ ہو سکتا ہے اور اپنے مخصوص تناظر میں جینون تخلیقی رویّے کی حیثیت سے پہچانا جا سکتا ہے۔ اس لیے صرف

نمونے کے طور پر یہ چند اشعار ملاحظہ کیے جاسکتے ہیں جو فکری دبازت کی نفی ہی نہیں کرتے بلکہ خواب ناک نسائی احساس اور جذبے کی صداقت کی نمائندگی بھی کرتے ہیں :

دل میں ہے ملاقات کی خواہش کی دبی آگ
مہندی لگے ہاتھوں کو چھپا کر کہاں رکھوں

کشور ناہید

کچھ یوں ہی زرد، زرد سی ناہید آج تھی
کچھ اوڑھنی کا رنگ بھی کھلتا ہوا نہ تھا

کشور ناہید

اب ایک عمر سے دُکھ بھی کوئی نہیں دیتا
وہ لوگ کیا تھے جو آٹھوں پہر رُلاتے تھے

کشور ناہید

ہر لمس ہے جب تپش سے عاری
کس آنچ سے میں پگھل رہی ہوں

فہمیدہ ریاض

وہ خواہشِ بوسہ بھی نہیں اب
حیرت سے ہونٹ کاٹتی ہوں

فہمیدہ ریاض

میں سچ کہوں گی مگر پھر بھی ہار جاؤں گی
وہ جھوٹ بولے گا اور لاجواب کر دے گا

پروین شاکر

بارشِ سنگ ملامت میں وہ میرے ساتھ ہے
میں بھی بھیگوں، وہ بھی پاگل بھیگتا ہے ساتھ ساتھ
پروین شاکر

ان اشعار میں سے بیش تر کو اعترافی شاعری کا نام دینا زیادہ مناسب ہو گا۔ تانیثی نظریۂ ادب کے نقطۂ نظر سے اس رویّے کی اہمیت اس لیے بھی قابلِ توجہ بن جاتی ہے کہ احتجاج اور انحراف کی منزلوں تک پہنچنے والوں کے لیے ان مرحلوں سے گزرنا بڑی حد تک ناگزیر ہوتا ہے۔

غزل کے مقابلے میں شاعرات کی نظموں کو نسائی رویّوں کی تفہیم کا زیادہ بہتر وسیلہ بنایا جاسکتا ہے۔ واضح رہے کہ غزل ہی کی طرح نظموں میں بھی اگر ہم ان رویّوں کو ارتقائی صورت میں دیکھنا چاہیں تو پتہ چلے گا کہ عورت کی حیثیت سے اپنے وجود کا احساس، نسائی جذبات کا اظہار یا اعتراف اور جنسی ثنویت پر قائم معاشرے سے انحراف جیسے مراحل اُردو میں تانیثی رویّے کے مختلف مدارج ہوسکتے ہیں۔ جہاں تک نسائی منصب کے احساس کا سوال ہے تو ہمیں بعض ایسی نظمیں ملتی ہیں جو تخلیق کے تجربے کے مختلف مراحل کو کچھ اس انداز سے موضوعِ گفتگو بناتی ہیں کہ ان میں تخلیق کے مطلق عمل کے ساتھ تنقیدی اصطلاح میں 'تخلیقی عمل' کے اسرار بھی کھلتے ہوئے نظر آتے ہیں۔ اس نوع کی ایک نظم کا حوالہ شاید یہاں خارج از بحث نہ ہو:

"وہ حرف، جو فضائے نیلگوں کی وسعتوں میں قید تھا / وہ صوت، جو حصار خامشی میں جلوہ ریز تھی / صدا، جو کوہسار کی بلندیوں پہ محو خواب تھی / ردائے برف سے ڈھکی / وہ حرف جو ہوا کے نیلے آنچلوں سے چھن کے / جذب ہو رہا تھا ریگ زارِ وقت میں / وہ ذرّہ ذرّہ منتشر تھا / دھندلی دھندلی ساعتوں کی گرد میں / وہ معنی گریز پا، لرز رہا تھا جو رگِ

حیات میں / وہ رمزِ منتظر کہ جو ابھی نہاں تھا بطن کائنات میں / بس ایک جست میں حصار خامشی کو توڑ کر / پگھل کے میرے درد و آرزو کی آنچ میں / وہ میرے بطن کی صباحتوں میں ڈھل گیا / وہ آبشار نغمہ ونوا، کہ کوہسار سرد سے گرا / کہ گونجتی گپھاؤں سے ابل پڑا / وہ جوئے ذات، نغمۂ حیات، جو رواں دواں ہے بحر بے کراں کی کھوج میں۔ (زاہدہ زیدی)

تخلیقی عمل کے مختلف مراحل کی گرفت اور شعوری اور لاشعوری محرکات کی دریافت خود شاعر کے لیے ایک مشکل عمل رہی ہے۔ اس نظم میں زاہدہ زیدی نے تخلیقی عمل کو صرف شاعر کی حیثیت سے نہیں بلکہ ایک خاتون شاعر کی حیثیت سے جس طرح موضوع گفتگو بنایا ہے، وہ وسیلۂ تخلیق کی حیثیت سے نسائی سرشت کا عمدہ اظہار بھی ہے اور داخلی سرگزشت کا اعتراف بھی۔ اسی موضوع کی دوسری جہت ہمیں ایک مکمل اعترافی نظم میں ملتی ہے، جس میں جنس کو ایک تخلیقی تجربہ بنایا گیا ہے:

یہ کون سا مقام ہے / کہ چاروں سمت منتشر ہیں / ریزہ ریزہ آبگینۂ ہائے شوق / یہیں تو حسرتوں کے بیج بو کے / فصلِ درد اُگائی تھی / یہیں تو آرزو، نقیب وقت بن کے آئی تھی / وہ کوہِ درد سینۂ حیات پر / وہ بوجھ بھی سبک سبک / وہ جرعہ ہائے آتشیں / لہو میں جذب آگ سی / یہ کائنات ٹوٹ کر بکھر گئی / کہ چور چور ہیں نشاطِ جاں کے آئینے / کہ ریگ ریگ نشۂ بدن ہے / ذرّہ ذرّہ جستجو کی راکھ ہے / فضائے ذہن بے اذاں / تصوّرات رائیگاں / تلاش ذات جوئے خوں / یہ کوہِ جرم حادثات / یہ قطرہ ہائے انفعال / بر جبین کائنات / چیخ رہی ہیں ہڈیاں وجود کی۔ (فشار: ساجدہ زیدی)

ساجدہ زیدی نے نظم کے ان مصرعوں میں جس طرح بالواسطہ انداز میں نسائی تجربے کو اعترافی شاعری میں تبدیل کر دیا ہے وہ فنّی نقطۂ نظر سے بھی استعارہ سازی کی عمدہ مثال ہے۔ اس نظم کی امیجری میں تانیثی رویّوں کو خیال اور فکر کے بجائے حواس کے

حوالے سے شعری پیکروں میں تبدیل کیا گیا ہے۔ یہ انداز ایک خاتون شاعر کی حیثیت سے بھی ان کی شناخت متعیّن کرتا ہے اور فنّی تدبیر کاری کی بھی قابلِ توجہ مثال پیش کرتا ہے۔

تاہم ساجدہ زیدی اور زاہدہ زیدی کی اس نوع کی گنتی کی چند نظمیں ان کی شاعری کے عام رجحان کی نمائندگی نہیں کرتیں۔ ان کی شاعری کا عمومی رجحان، فکری اور دانش ورانہ سطح پر ایسی عام شعری فضا کی عکاّسی کرتا ہے جس میں مرد و زن، دونوں طرح کے شاعر، یکساں طور پر شریک ہیں۔ ان شاعرات کے برخلاف فہمیدہ ریاض کی شاعری کا غالب رویّہ نسائی احساس کی ترجیح پر قائم ہے۔ پدری نظام پر قائم سماج کی ناہمواریوں کی نشان دہی ان کی نظموں کا طاقت ور رجحان ہے۔ انھوں نے ماں بننے کے تجربے کو جس فن کاری اور حسّی ارتعاشات کے ساتھ اپنی ایک ابتدائی نظم "لاؤ، ہاتھ اپنا لاؤ ذرا" میں پیش کیا تھا، وہی دراصل ان کی شاعری کی مخصوص شناخت بن گیا۔ تانیثی رویّے کے بعض اور پہلو، جن میں اپنے سماج میں ثنویت کا احساس مرکزی حیثیت رکھتا ہے، بعد کی، ان کی بیش تر نظموں کا پس منظر ہے۔ اس ضمن میں ان کی متعدد نظموں میں سے محض ایک مختصر نظم کو ملاحظہ کیا جا سکتا ہے، جس میں ثنویت کا یہ احساس نمایاں طور پر موجود ہے:

مگر آہ اس میں نئی بات کیا ہے / وہ عورت ہے ہم جنس سب عورتوں کی / سدا جس پہ چابک برستے رہے ہیں / وہ ہر دور میں سر بریدہ مسانوں میں لائی گئی ہے / کبھی بھینٹ بن کر / پتی کی چتا پر چڑھائی گئی ہے / کبھی ساحرہ کا لقب دے کر زندہ جلائی گئی ہے / یہ عورت کا تن ہے / قبیلوں کی نسلیں

بڑھانے کا آلہ ہے / ان کی حمیت کی بس اک علامت / جو چاہو تو تم اس علامت کو روندو / اسے مسخ کر دو / اسے دفن کر دو۔ (فہمیدہ ریاض)

اس نظم کی بلند آہنگی اور اس کا براہِ راست انداز، فنّی نقطۂ نظر سے البتّہ معرض بحث میں آسکتے ہیں، مگر فکری اور ادبی موقف کے اعتبار سے فہمیدہ ریاض کی اس نوع کی نظموں سے ان کی تانیثی شناخت ضرور متعیّن ہوتی ہے—

فہمیدہ ریاض کے مقابلے میں کشور ناہید نے اوّل و آخر ایک تانیثیت پسند ادیب اور شاعرہ کی حیثیت سے معاصر شاعرات میں فکری، فنّی اور عملی طور پر اپنی شناخت قائم کی ہے۔ ان کی تحریریں، خواہ نثر کی صورت میں ہوں یا شاعری کی شکل میں، تانیثی تحریک کو اس کے سارے لوازم کے ساتھ برتنے کی کوشش کرتی ہیں۔ انھوں نے طبقاتی طریق کے ترقّی پسند نقطۂ نظر سے اپنے ادبی سفر کا آغاز کیا تھا، مگر وقت کے ساتھ ساتھ جنسی تفریق کے مسئلے کو نمایاں کرنے کو اپنی تحریروں کا محور بنالیا —ان کے مضامین کا مجموعہ "عورت، خاک اور خواب کے درمیاں" تانیثی نظریے کو ریسرچ، تجزیہ اور فنّی اظہار سے متعلق مسائل کو منضبط اور مدلل انداز میں پیش کرنے کی اُردو میں ایک اہم کوشش ہے۔ انھوں نے سیمون دی بوائر کی کتاب کا ترجمہ تلخیص کے ساتھ پیش کرکے 'عورت' کے نام سے شائع کیا ہے، اور اپنی توضیحات کے ذریعہ اُردو دنیا سے تانیثی نظریے کو متعارف کرانے کی علمی بنیادیں فراہم کی ہیں۔ لیکن ایک تانیثیت پسند فن کار کے طور پر ہمارے لیے اگر ان کی کوئی تحریر قابلِ مطالعہ ہوسکتی ہے تو وہ ان کی نظمیں ہیں۔ اپنی نظموں میں، ان کی بلند آہنگی نظریاتی وابستگی کی شدت کو ظاہر کرتی ہے۔ انھوں نے اپنے تانیثی نقطۂ نظر کے اظہار کے لیے بالعموم دو طرح کے اسالیب کا انتخاب کیا ہے۔ ایک تو ان کی نثری نظمیں ہیں جن میں وہ اپنی نظریاتی وابستگی کو چھپا نہیں پاتیں اور دوسرے ان کی آزاد نظمیں، جن کی لفظیات، علائم اور فنّی لوازم کا اہتمام اس بات کا وافر ثبوت فراہم کرنے کا وسیلہ ہیں کہ انھوں نے خود کو محض ایک تانیثیت پسند مفکّر کے طور پر ہی متعارف نہیں

کرایا بلکہ قابلِ توجہ شاعرہ کی حیثیت سے بھی اپنی اہمیت تسلیم کرائی ہے۔ نیلام گھر، جاروب کش، میں کون ہوں اور انٹی کلاک وائز، جیسی نظمیں ان کے تانیثی رویّوں کی بھرپور نمائندگی کرتی ہیں۔ "انٹی کلاک وائز" میں انھوں نے طبقۂ اناث کے لیے درپیش صورت حال کو نسبتاً زیادہ صراحت کے ساتھ پیش کیا ہے:

میرے ہونٹ تمہاری مجازیت کے گن / گا گا کر خشک ہو بھی جائیں تو بھی تمہیں یہ خوف نہیں چھوڑے گا / کہ بول تو نہیں سکتی، مگر چل تو سکتی ہوں / میرے پیروں میں زوجیت اور شرم و حیا کی بیڑیاں ڈال کر / مجھے مفلوج کر کے بھی / تمہیں یہ خوف نہیں چھوڑے گا کہ میں چل تو نہیں سکتی / مگر سوچ سکتی ہوں / آزاد رہنے، زندہ رہنے اور مرے سوچنے کا خوف / تمہیں کن کن بلاؤں میں گرفتار رکھے گا۔ (کشور ناہید)

اس نظم کے مقابلے میں آزاد نظم کی ہیئت میں ان کی متعدد نظمیں فنّی لوازم کو زیادہ بہتر طریقے پر اپناتی ہیں اور صحیح معنوں میں اسی نوع کی نظمیں نسائی جمالیات کے ضمن میں ان کی کاوشوں کا منفرد ثبوت پیش کرتی ہیں۔ نمونے کے طور پر یہاں ایک نظم کے چند مصرعے ملاحظہ کیے جاسکتے ہیں:

مجھے سزادو کہ میں نے اپنے لہو سے تعبیر خواب لکھی / جنوں بریدہ کتاب لکھی / مجھے سزادو کہ میں نے تقدیسِ خواب فردمیں جاں گزاری / بہ لطفِ شب زادگاں گزاری / مجھے سزادو / کہ میں نے دوشیزگی کو سودائے شب سے رہائی دی ہے / مجھے سزادو / کہ میں جیوں تو تمہاری دستار گر نہ جائے / مجھے سزادو / کہ میں تو ہر سانس میں نئی زندگی کی خوگر / حیات بعد ممات بھی زندہ تر رہوں گی / مجھے سزادو / کہ پھر تمہاری سزا کی میعاد ختم ہو گی۔

ہمارے معاشرے میں عورت کو "نصف بہتر" قرار دینے کا مشفقانہ اور ترحم آمیز

رویّہ اس وقت بے نقاب ہوتا نظر آتا ہے جب کشور ناہید جیسی کوئی شاعرہ اس رویّے کے مضمرات پر اپنے شدید ردّ عمل کا ایسا اظہار کرتی ہیں جس میں فکری بغاوت کے ساتھ اس نظم کی طرح شعریت کا بھی اہتمام کیا گیا ہو۔

اس میں کوئی شک نہیں کہ تانیثی تحریک کے تناظر میں کشور ناہید اور فہمیدہ ریاض کو اُردو شاعرات کے مابین نمائندہ ترین ترجمان شاعرات کی حیثیت دی جاسکتی ہے۔ لیکن ایسا بھی نہیں ہے کہ ان کے بعد کی نسل میں اس رجحان پر مبنی شاعری کی کوئی توسیع نہیں ہوئی۔ بعض نسبتاً نووارد شاعرات کی نظموں میں اس رویّے کی گونج اس طرح سنائی دیتی ہے، گویا وہ ابھی اپنی شناخت اور آواز کی دریافت میں مصروف ہیں۔ ایسی شاعرات میں نمونے کے طور پر شہناز نبی اور عذرا پروین کے نام لیے جاسکتے ہیں۔ شہناز نبی کی نظم 'بھیڑیں' میں طنزیہ طریقِ کار اور علامتی معنویت کے سبب تانیثی اظہار کے قدرے مختلف اسلوب کو اپنانے کی کوشش ملتی ہے:

اک چراگاہ / سو چراگاہیں / کون ان ریوڑوں سے گھبرائے / پڑ گئیں کم زمینیں اپنی تو / کچھ سفر، کچھ حضر کا شغل رہے / کچھ نئی بستیوں سے ربط بڑھے / ان کو آزاد کون کرتا ہے / یہ بہت مطمئن ہیں تھوڑے میں / اک ذرا سا گھما پھرا لاؤ / کچھ اِدھر، کچھ اُدھر چرالاؤ / بھیڑیں معصوم بے ضرر سی ہیں / جس طرف ہانک دو چلی جائیں۔ (شہناز نبی)

ردّ عمل اور طنز کی شدّت پر مبنی اس نظم سے قدرے بدلے ہوئے اسلوب، سے اس وقت ہمارا واسطہ پڑتا ہے، جب ہم عذرا پروین کی نظمیں پڑھتے ہیں۔ ان کی نظموں میں بالواسطہ طریقِ کار کے بجائے براہِ راست لب و لہجہ ملتا ہے، لیکن اس حقیقت کا اعتراف کرنا چاہیے کہ ان کی شاعری مرکزی حیثیت سے جنسی تفریق کے موضوع کو زیرِ بحث لاتی ہے۔ یہ الگ بحث ہے کہ فنّی طور پر ان کا منصب کیا متعیّن ہوتا ہے۔ ان کی ایک نظم

ہے:

"میں اور ہی کوئی ہندسہ ہوں"

میں اب نیا کوئی حادثہ ہوں / میں اور ہی کوئی ہندسہ ہوں / تمہارے پہلو میں کل سے اب تک جو اک بہ صورت صفر، صفر تھی، وہ میں نہیں تھی / وہ میں نہیں ہوں / جو تجھ میں تیرے سفر کی دھن تھی / جو خود مسافر نہ ہو کے بس تیری رہ گزر تھی / وہ میں نہیں تھی / وہ میں نہیں تھی / سنو تذبذب کی برف پگھلی / میں ایک نشچپت اڑان ہوں اب / جو اک انشچپت اگر مگر تھی / میں وہ نہیں تھی / وہ میں نہیں ہوں / میں اب، نیا کوئی حادثہ ہوں / میں اب نئی کوئی انتہا ہوں / میں اور ہی کوئی ہندسہ ہوں۔ (عذرا پروین)

شاید یہ کہنے کی ضرورت نہیں کہ معاصر شعری منظر نامے میں اور جن شاعرات کی نظمیں اور غزلیں ادبی جرائد میں شائع ہوتی ہیں، ان کو بالعموم نسائی شناخت کے نقطۂ نظر سے مطالعہ کا موضوع ہی نہیں بنایا جاسکتا۔ پاکستان میں پروین فنا سیّد اور عذرا عبّاس اور ہندوستان میں شبنم عشائی جیسی معدودے چند شاعرات ایسی ہیں جو اپنی ذات کے اظہار کے مسئلے سے دوچار ہیں۔ لیکن ان کی شاعری کسی طاقت ور نسائی رجحان کی نمائندگی نہیں کرتی۔

نسائی رویّوں اور تانیثی رجحان کی پہچان اور تعیّن قدر، کے اس جائزے سے اندازہ لگایا جاسکتا ہے کہ ادبی اور تنقیدی اظہار میں تانیثیت کی شمولیت کے بعد ادبی فکر و فن کے تناظر کے افق میں کیوں کر وسعت پیدا ہوئی ہے؟ اُردو میں چوں کہ تانیثی نظریے کو کسی طاقت ور رجحان کی صورت میں ابھی پنپنے کا موقع نہیں ملا، اس لیے انفرادی کوششوں کی اہمیت کے باوجود ابھی نسائی جمالیات کی تشکیل ہونا باقی ہے۔ ظاہر ہے کہ اس نسائی جمالیات میں تانیثی نقطۂ نظر کے ساتھ ادب کی تفہیم، ہئیت و مواد کے توازن اور تخلیقی

فن پاروں کے تعیّن قدر کے مسائل نئے سرے سے مرتّب ہوں گے اور اسی صورت میں ہم تانیثیت کو نظریے کی سطح سے بلند کر کے فنّی سطح تک لا سکتے ہیں۔

٭٭٭

## ۸

# خواتین افسانہ نگاروں کی عورتیں

## آفرین رضا

منطقی لحاظ سے اس مفروضے کو ردّ کرنے میں کوئی کلام نہیں کہ مرد صاحبِ فہم ہے اور عورت ناقص العقل۔ دونوں میں ہر طرح سے مساوی خوبیاں اور خامیاں موجود ہیں۔ عورت کو جس معاشرے میں مساوی حقوق نہیں ملے، اس معاشرے میں مذہب او رمعاشرت کے حوالے دیے گئے۔ ظاہر ہے یہ حوالے یا واسطے مرد حضرات ہی نے دیے۔ مرد اساس معاشرے میں سماجی رسوم اور صحائف میں عورتوں کے تعلق سے بیان کی روشنی میں مرد عالموں کی یک رخی تصویر و تعبیر نے اسے کم فہم، کم زور، کم حیثیت، کم علم اور کم ظرف ثابت کرنے میں مسلسل کوشش کی۔ یہ کوششیں صدیوں تک کامیاب رہیں، نتیجتاً عورت گھر کے حصار میں قید ایک مظلوم کی طرح زندگی کے فرائض انجام دیتی رہی۔ اس کی مظلوم والی تصویر ہی ادیبوں کو بھی پسند آئی۔ وہ نذیر احمد ہوں کہ رشیدۃ النسا بیگم، راشد الخیری ہوں کہ پریم چند، کسی کی تخلیقات میں عورت مرد کے ہم پلہ نظر نہیں آئی۔ یہ سلسلہ عبّاسی بیگم 'گرفتار قفس' (۱۹۱۵)، نذر سجاد حیدر 'خونِ ارمان' (۱۹۱۵)، آصف جہاں 'شش و پنج' (۱۹۱۵)، انجم آرا 'ریل کا سفر' (۱۹۱۵) یا پھر امت الوحی کا افسانہ 'شاہد وفا' (۱۹۲۷) تک تقریباً ایک ہی نہج پر جاری و ساری رہا۔ البتہ حجاب

امتیاز علی اپنی والدہ عبّاسی بیگم یا مذکورہ دیگر خواتین افسانہ نگاروں کے مقابلے مختلف و ممتاز نظر آتی ہیں۔ یہ بات صحیح ہے کہ ان کے افسانوں میں رومانیت کا غلبہ اور دیگر علوم کے معاملات کو مشرقیت کا پاس ولحاظ رکھتے ہوئے برتنے کا رویہ بھی ملتا ہے، ورنہ تو رومانی افسانہ نویس خواتین میں زبیدہ سلطان، سعیدہ عبدل، سعیدہ بزمی، نجمہ انوار الحق نے بھی متعدد رومانی افسانے لکھے۔ اسی طریقے سے فلمی اداکاراؤں میں خورشید، کنیز فاطمہ عرف نرگس، منورما اور روشنی آرا عرف حسنہ بانو نے بھی رومانی افسانے لکھے۔ یہاں تک افسانوں میں عورت کی شبیہ چھوئی موئی سی تھی۔

رشید جہاں پہلی افسانہ نگار ہیں جن کا تیور باغیانہ تھا۔ ان کا تیکھا انداز افسانہ 'سودا' میں اپنی معراج پر نظر آتا ہے۔ اس ضمن میں اب شکیلہ اختر کا ذکر خال خال ہی ہوتا ہے لیکن چالیس کے دہے میں انھوں نے افسانہ نگاری کو مختلف رنگ وڈھنگ اور انداز و آواز سے روشناس کروایا۔ درپن، آنکھ مچولی، ڈاین اور 'آگ میں پھول' ان کے افسانے بھی ہیں اور افسانوی مجموعے بھی۔ ان کے علاوہ کچے دھاگے، سہاگ، سڑک پر، بن تتلی، آنکھ مچولی، آخری سلام ایسے افسانے ہیں جن میں عورت کے مسائل و معاملات اور سماجی حقیقت کو موضوع بنایا گیا ہے۔ خواتین افسانہ نگاروں میں رضیہ سجاد ظہیر کو بھی فراموش کرنا ادبی بد دیانتی ہوگی۔ رضیہ سجاد ظہیر سماجی نا انصافی کے خلاف بغاوت کرنے اور بغاوت کو ظاہر کرنے کے لیے افسانہ نگاری کو ذریعہ بنانے والی خاتون تھیں۔ ان کے مشہور افسانوں میں پیچ، معجزہ، لنگڑی ممانی اور 'نئی نویلی' کا شمار ہوتا ہے۔ اب تک کی خواتین افسانہ نگاروں میں رشید جہاں اپنے باغیانہ طریق اور مستوراتی بے باکی کی بنیاد پر ہر چند کہ بڑی اہمیت کی حامل ہیں لیکن عصمت چغتائی ان معاملات میں لاثانی تسلیم کی جاتی ہیں۔ گو کہ ان کی افسانہ نگاری کا آغاز بھی خالص بلکہ روایتی رومانیت کے زیر اثر ہی ہوا لیکن بہت

جلد وہ ترقی پسند نقطۂ نظر اور اشتراکی فکر کی نمائندگی کرنے لگیں۔ عصمت چغتائی نے ہندوستانی معاشرے کی نبض پر انگلیاں کچھ اس طرح رکھیں کہ اپنے عہد کی سب سے اہم نباض ثابت ہوئیں۔ عصمت آپا کا صرف لہجہ ہی باغیانہ نہیں تھا، صرف تیور بیباک نہیں تھے، صرف مستوراتی لسانی کلیشے پر گرفت نہیں تھی بلکہ ان میں وہ جرأت رندانہ بھی تھی جس کا استعمال انھوں نے مرد اساس معاشرے میں گھروں کے اندر کی غلاظت کو بے نقاب کرنے کے ساتھ ساتھ مرد کے اذہان کی گندگی کو بھی سامنے لانے کی غرض سے کیا۔ لحاف، چھوئی موئی، جڑیں، ننھی کی نانی، دو ہاتھ، پہلی لڑکی اور 'چوتھی کا جوڑا' ان کے شاہکار ہیں۔

اب تک کے سرسری محاکمے کی روشنی میں یہاں دو مختلف تخلیقی رویوں کی جانب اشارہ کرنا مناسب ہوگا۔ ایک غالب رویہ تو یہ تھا کہ عورت کو مشرقیت، ہندوستانیت اور مذہبی تقدس کے نام پر ایسے کردار کی صورت میں پیش کیا گیا جو ردّ سے ناواقف، قبول کی پرستار ہے، جو بیباک گویائی پر خاموشی یا پھر دبی دبی، گھٹی گھٹی مریل آوازیں کچھ باتیں عرض کرنے کو 'تہذیب' سمجھتی ہے۔ اس طرح کی عورتوں کو کردار بنانے والی خاتون افسانہ نگاروں میں رشیدۃ النسا بیگم، عباسی بیگم، نذر سجاد حیدر اور حجاب امتیاز علی کو اولیت حاصل ہے۔ ان افسانہ نگاروں کی تخلیقی قوت پر شبہ نہیں کیا جاسکتا لیکن اس بات میں کوئی دورائے نہیں کہ یہ خواتین افسانہ نگار ڈپٹی نذیر احمد اور راشد الخیری کے زیرِ اثر اصلاحی اور رومانی افسانے لکھنے پر اکتفا کرتی رہیں۔ انھوں نے روایت سے بغاوت کی جرأت نہیں کی بہ الفاظ دیگر ان میں Poetics of disobidiance کا خاصا فقدان تھا۔ ان روایتی طرز کی افسانہ نگار خواتین کے مقابلے رشید جہاں اور عصمت چغتائی نے تخلیقی فرمانبرداری کے مقابلے نافرمانی، سرکشی اور بغاوت کو اپنا شیوہ بنایا۔ اس معاملے میں عصمت چغتائی تو

آخری دم تک ثابت قدم رہیں۔ ان کا یہ باغیانہ رویہ ان کی عملی زندگی میں بھی متحرک رہا اور تخلیقات میں بھی۔ ان کی خود نوشت ہو کہ ان کی خاکہ اور افسانہ نگاری، ہر جگہ وہ زبان وبیان (Naration) اور کردار کی شبیہ سازی میں خوف اور کمتری کے احساس کی روایت سے بغاوت کرتی نظر آتی ہیں۔ عصمت کی روایت بلکہ ان کے تخلیقی رویوں سے مشابہ رویہ اختیار کرنے والی افسانہ نگاروں میں شکیلہ اختر، صغریٰ مہدی، جیلانی بانو، ہاجرہ مسرور، بشریٰ رحمن، واجدہ تبسّم اور غزال صیغم اہمیت کی حامل افسانہ نگار ہیں۔ مذکورہ افسانہ نگاروں کے مقابلے جن خواتین افسانہ نگاروں نے عورت یا یوں کہیں کہ گھر میں رہنے والی عورت کے علاوہ گھر کے باہر مختلف قسم کے مسائل اور Struggle سے دوچار ہو رہی عورتوں کو افسانوں کا مرکز بنایا ان میں ظاہر ہے کہ قرۃ العین حیدر ایک لیجنڈ کی حیثیت رکھتی ہیں۔ ان کے طویل افسانوں یا ناولٹ کے علاوہ مختصر افسانوں میں بھی عورت اپنے ثقافتی ربط و تعلق اور داخلی کیفیت و افکار کی بنیاد پر زیادہ تہہ دار، بردبار، مضبوط اور رکھ رکھاؤ والے وجود کی مالکن نظر آتی ہیں سیتا ہرن، اگلے جنم موہے بیٹیا نہ کیجو، چائے کے باغ، پت جھڑ کی آواز، کارمن کی عورتیں مضبوط ارادے کی مالکن ہیں۔ وہ سہارے تلاش کرنے یا کسی مرد کے سہارے زندگی کا سفر طے کرنے کے بجائے "Self dependent" ہیں۔ دوسری بات ان کی زبان مستوراتی ذخیرۂ الفاظ، روزمرول، صرفیاتی تعمیر کی پابند ہیں۔

ظاہر ہے کہ ساٹھ سے اسّی کے اوائل تک کی خواتین افسانہ نگاروں پر بھی جدیدیت کا اثر رہا لہٰذا انھوں نے بھی ترقی پسندوں کے برعکس خارج کے مقابلے داخل اور اجتماعیت کے برعکس انفرادیت کو قابلِ قبول سمجھا لیکن ۸۰ کے دہے میں جدیدیت سے ایک قدم آگے بڑھ کر مابعد جدیدیت، نسائیت اور آزادانہ تخلیقی طریق کے تحت افسانہ لکھنے کا چلن

زیادہ مقبول ہوا۔ اس ضمن میں ذکیہ مشہدی، ترنم ریاض، عذرا نقوی، نگار عظیم، تسنیم کوثر، غزال ضیغم، شائستہ فاخری، ثمینہ سید، شہیرہ مسرور، بانو سرتاج، ثروت خان اور صادقہ نواب سحر کا ذکر کرنا لازماً ہوگا۔

۸۰ کی دہائی میں جو نام ابھر کر آئے ان میں افسانہ نگاری کے طریقۂ کار کو لے کر ایک مشترک بات یہ ہے کہ اس نے معاشرے اور قاری سے اپنا رشتہ استوار کیا۔ دوسرے لفظوں میں یہ بھی کہا جا سکتا ہے کہ جدیدیت نے تجریدی، علامتی، وجودی اور خالص داخلی یا فرد کے احساس پر مشتمل افسانے کی جو بنا رکھی تھی اس سے بڑی حد تک انحرافی رویہ اختیار کیا گیا۔ دوسری بات یہ کہ کرداروں کی نمائندگی کے مقابلے تھیم اور بیانیے پر زیادہ توجہ دی گئی۔ تیسری بات عصری معاملات ومسائل کے سماجی، سیاسی، اقتصادی، نفسیاتی، صنعتی، صارفیتی، تہذیبی مسائل ومعاملات سے متعلق تیز رفتار تبدیلی اور سائنسی ایجادات کے ساتھ ساتھ انسانوں کی مشینی طرزِ زندگی کو موضوع کے طور پر کثرت سے برتا گیا۔

انسانوں کے بدلتے آدرش اور ایک نئی دنیا خلق کرنے کی دھن میں ضروریات پر Luxary اشیا حاصل کرنے کے جنون کو زندگی کے اہم مقاصد میں شامل کر لیا گیا۔ گویہ اس عہد میں خواتین افسانہ نگاروں نے موضوعات، تکنیک، اسلوب اور بیانیے کی سطح پر فیشن کے بجائے فطرت کے قریب جا کر افسانے خلق کیے۔ ان میں ایک بہت اہم نام ذکیہ مشہدی کا ہے۔ گو کہ ذکیہ مشہدی ۸۰ کی دہائی سے پہلے بھی لکھتی رہیں اور فی الحال بھی لکھ رہی ہیں۔ ان کا کمال یہ ہے کہ وہ خود کو دہرانے سے محفوظ رکھنے کا جتن کرتی رہتی ہیں۔ انھوں نے افسانہ 'بکسا' میں ایک ایسی ماں کی شبیہ کو اکیرا ہے جو اپنی وصیت میں گھر کی مرمت کو ہی فوقیت دیتی ہے۔ ظاہر ہے کہ وہ روایتی فکر کی ماں ہے لیکن ذکیہ کی لسانی

پختگی اور بیانیے پر قدرت نے اس میں ایک نوع کی تازگی پیدا کر دی ہے۔ تقریباً یہی اوصاف 'پرائے چہرے'، 'تاریک راہوں کے مسافر' اور 'صدائے بازگشت' جیسے افسانوں میں بھی موجود ہیں۔ ذکیہ مشہدی کا سب سے بڑا کمال یہ ہے کہ وہ معمول کے واقعات کو جادوئی حقیقت نگاری کے دائرے میں شامل کر دیتی ہیں۔ ذکیہ مشہدی کے بعد جس خاتون افسانہ نگار پر نظر ٹھہرتی ہے وہ ترنم ریاض ہیں۔ 'ابابیلیں لوٹ آئیں گی' سے ان کو بڑی شہرت ملی حالانکہ اس مجموعے سے پہلے 'تنگ زمین' کے نام سے ان کا افسانہ اور اسی نام سے مجموعہ منظر عام پر آچکا تھا لیکن اس مجموعے میں شامل افسانے فنی پختگی کے لحاظ سے نسبتاً کچّی مٹی کے بت ثابت ہوئے تھے البتہ 'یمبرزل' (۲۰۰۴) اور 'میرا رخت سفر' (۲۰۰۸) میں ان کے شعور کے ساتھ ساتھ ان کا اسلوب اور فنی سروکار بھی پختہ نظر آئے۔ ترنم ریاض بھی اپنی تمام تر آزاد خیالی کے باوجود اکثر گھر، خاندان اور عورت کے مختلف رشتوں پر ہی توجہ مرکوز کرتی رہیں۔ عورت کو ذات کی حیثیت سے برتنے میں ان کی دلچسپی بڑی حد تک مایوس کن رہی ہے۔

ترنم کے مقابلے میں ثروت خان نے عورت کو ازدواجی حصار سے آزاد کر کے بھی پرکھنے کی کوشش کی ہے۔ وہ عورت کی مشرقیت، اس کے عورت پن اور اس کی نفسیات کے علاوہ اس کی تہذیب کو بھی خاطر میں لانے کی خوگر نظر آتی ہیں۔ ان کا مجموعہ 'ذروں کی حرارت' میں شامل افسانہ 'میں مردمار بھلی' عورت کی پابندی و آزادی کا بہترین نمونہ ہے۔ جس طرح ذکیہ مشہدی نے بہار، ترنم ریاض نے کشمیر اور ثروت خان نے راجستھان کے سماجی اور تہذیبی تناظر میں وہاں کی عورتوں کا جائزہ لیا ہے اسی طریقے سے نگار عظیم، ثمینہ سید اور شائستہ فاخری نے اپنی توجہ کاسموپولیٹین شہروں پر دی ہے لیکن ان کا سابقہ جن کلاس کی عورتوں سے زیادہ پڑا وہ متوسط طبقے ہی سے تعلق رکھتی ہیں۔ لہٰذا

ظاہر ہے کہ ان کے یہاں بھی عورت گھر، خاندان اور رشتے ناطے کے حصار سے آزاد نظر نہیں آتی۔ البتہ یہ جب شہری زندگی کے مسائل پیش کرتی ہیں تو ان عورتوں کے تیور قصبات کی عورتوں سے مختلف ضرور نظر آتے ہیں۔ مثلاً ثمینہ سید نے جس طریقے سے honour killing جیسی سماجی بلکہ Genetic بیماری کو 'بی بی حجرے والی' میں برتا ہے اس سے معاشرے اور فرد کو دیکھنے کے تعلق سے ان کے Microscopic ہنر کا اندازہ بخوبی لگایا جا سکتا ہے۔ تقریباً ایسا ہی بے باک اور قدرے مزاحمت آمیز رویّہ تبسّم فاطمہ نے افسانہ 'حجاب' میں اپنایا ہے۔ اس افسانے میں honour killing کی بجائے بدلتی ہوئی دنیا اور تبدیل ہوتے رویوں کو موضوع بنایا گیا ہے۔ لیکن اس افسانے کا راوی ہی ایک ماں کے کردار میں ہے جو بہت سارے سوالات قائم کرنے کی جرأت رکھتی ہے۔ ۸۰ کی دہائی میں ایک دھیمی دھیمی آنچ پر زندگی کے معاملات و مسائل، خاص کر عورت کے تمام تر پہلوؤں کو حدت و حرارت کے ساتھ پیش کرنے والی افسانہ نگار، نگار عظیم نے اپنے مجموعے 'عکس'، 'گہن' اور 'عمارت' میں شامل افسانوں کے ذریعے عورت کے رشتوں میں پرو کر بھی دیکھنے اور سمجھنے کی کوشش کی ہے اور آزادانہ طور پر بھی پرکھا ہے۔ وہ غزال ضیغم کی طرح Loudness یا تبسم فاطمہ کی طرح شدید بغاوت کی قائل نہیں ہیں۔ جس طریقے سے غزال ضیغم 'نیک پروین' میں شوہروں کی اقسام بتاتے ہوئے انھیں 'بل ڈاگ' جرمن شیفرڈ، السیشین، گرے ہانڈ، پامیرین اور دیسی کتوں سے تشبیہ دیتی ہیں اس طریقے کے اظہار سے نگار عظیم گریز کرتی ہیں۔ جہاں تک سوال باغیانہ رویے اور احتجاجی آہنگ کا ہے تو تبسم فاطمہ کے یہاں زیادہ بے باکی اور تیکھے پن کے ساتھ نمو پذیر ہوتے ہیں لیکن تبسم فاطمہ، غزال ضیغم کی طرح واقعات بیان کرنے پر اکتفا نہیں کرتی بلکہ واقعات کو ہوتا ہوا دکھانا ان کا ہنر ہے۔ ان کا نظریہ اسلوب انھیں اپنے

معاصرین میں ممتاز کرتا ہے۔ البتہ غزال ضیغم تاریخ سے دلچسپی اور تہذیب سے تعلق کی بنیاد پر قرۃ العین حیدر اور زاہدہ حنا کے تخلیقی رویوں سے قریب ہو جاتی ہیں۔ ان کے افسانوں کا مجموعہ 'ایک ٹکڑا دھوپ' میں شامل بیشتر افسانوں، بالخصوص 'بھولے بسرے لوگ' اور 'سوریہ ونشی چندر وَنشی' میں تاریخ و تہذیب کے دریچے اسی طرح کھلتے نظر آتے ہیں جس طرح قرۃ العین اور زاہدہ حنا کے یہاں قدرے گہرائی، تہہ داری اور فنی دبازت کے ساتھ واہوتے ہیں۔ اس سلسلے میں 'زندہ آنکھیں مردہ آنکھیں' اور 'مدھوبن میں رادھیکا' کا مطالعہ سود مند ہو گا۔ ان افسانوں میں احتجاج کی لویں بغاوت کے شعلوں میں تبدیل ہوتی نظر آتی ہیں لیکن جامعیت و تہہ داری کا فقدان بھی اپنی جگہ قائم رہتا ہے۔

بے باکی، انفرادیت، احتجاج اور بغاوتی رویوں کے ساتھ ساتھ عورت کی بردباری اور زبان کے محاوراتی بانکپن کے لحاظ سے جس افسانہ نگار پر ہر باشعور و سنجیدہ قاری کی نظر سب سے زیادہ دیر تک رکی رہتی ہے وہ واجدہ تبسم ہیں۔ واجدہ کو فحش نگار کہہ کر افسانے کی شعریات سے نابلد قارئین بلکہ ناقدین نے پڑھا تو خوب، لکھا بہت کم۔ واجدہ نے جس طرح حیدرآباد کی نوّابیت اور نوابین کے عیش پرستوں کی سفاک و بے باک انداز میں اظہار کیا ہے وہ انداز یا تو عصمت چغتائی کے یہاں دیکھنے کو ملتا ہے یا پھر مرد افسانہ نگاروں میں منٹو اور شموئل احمد کے یہاں۔ واجدہ نے نوابین و بیگمات کے روز و شب، عیش و عشرت، جنس پرستی اور جسم و روح کی خواہشات کو حویلیوں، آرام گاہوں اور کمرے سے نکال کر چوک اور چوراہوں پر لا کھڑا کیا۔ بس یہی ان کا گناہ ہے۔ ورنہ تو انھوں نے جس ہنر مندی سے خواتین کے استحصال، ان کی نفسیات و جنسی ہیجان اور پورے ماحول کی عکاسی کی ہے اس طرح کی تقلید کرنے میں اچھے اچھوں کے قلم کی روشنائی خشک ہو جاتی ہے۔

اترن، شہر ممنوعہ، آیا بسنت اور نتھ سریز کے طویل افسانے / ناولٹ کو پڑھ کر ان کی حدت کی آب تاب لانا سب کے بس کی بات نہیں۔ البتہ فنی لحاظ سے مجموعہ 'کیسے کاٹوں رات اندھیری' میں شامل افسانے زندگی میں جنس اور افسانے میں فن کی اہمیت کے عمدہ نمونے ہیں۔ واجدہ بعد میں کچھ زیادہ ہی جذباتی اور راست گو ہو گئیں۔

اس محاکمے سے کچھ ایسا نتیجہ بر آمد ہوتا ہے کہ مرد اساس سماج نے انسانی اوصاف کو مرد اور عورت کے خانوں میں تقسیم کر کے صبر و تحمل، محبت و شفقت، اجابت و اطاعت، بے لوث و بے زبانی، پاک دامانی و قربانی کو عورت سے متصل و مختص کر کے اسے اس شرط پر قابلِ تحسین تسلیم کیا کہ وہ ممتا کی مورت بنی رہے گی۔ جو عورتیں مرد حضرات اور ان کی ہم خیال مرتبے اور رشتے میں بزرگی حاصل کرنے والی عورتوں کے مرتب کردہ اصول و ضوابط سے انحراف کریں گی وہ نافرمان، حرافہ، دریدہ دہن اور بد تہذیب و بد عمل کہلائیں گی۔ یہی وجہ ہے کہ اردو فکشن میں عورت ایک آزاد وجود یا انسان کی بجائے ایک تانیثی وجود یا جنس(Feminine Gender) کی حیثیت سے ہی برتی گئی۔ گویا اس کو ہمارے فکشن میں ایک اسٹیریو ٹائپ شے کے طور پر برتنے کا رجحان غالب رہا۔ البتہ عصمت چغتائی، قرۃ العین حیدر، ممتاز شیریں اور واجدہ تبسم نے عورت کو قدرے بے باک، مزاحمتی، نافرمان اور باغی کی صورت میں بھی پورٹریٹ کیا۔ ۱۹۸۰ کے بعد تانیثیت کی تحریک کے زیر اثر اس کے اطوار و کردار میں تبدیلی آئی اور اب وہ ایک آزاد وجود کے طور پر سماج کی آدھی آبادی کی قوت بن کر ابھرنے کی کوشش کر رہی ہے۔ اردو افسانے کے تانیثی منظر نامے پر سنجیدہ نظر ڈالی جائے تو معلوم ہو گا کہ اردو افسانے میں عورت مغربی تانیثیت یا White Feminisms کے اثر میں آکر مرد کے خلاف نازیبا حد تک جارحانہ انداز اختیار نہیں کرتی بلکہ اکثر وہ اپنی بات تہذیب کے

دائرے میں رہ کر ہی کرتی ہے یہاں تک کہ اس کے انکار، اس کی بغاوت، اس کی نافرمانی اور اس کا اندازِ تخاطب عورت پن کے دائرے سے تجاوز کے قائل نہیں ہیں۔ البتہ اس بات سے بھی انکار ممکن نہیں کہ خال خال ہی سہی لیکن فیشن کے طور پر مغربی تانیثیت کی تقلید بھی کی گئی ہے۔

بہر حال ۸۰ سے پہلے یا بعد کی افسانہ نگار خواتین نے اردو افسانے میں عورت کی ذات کے اصرار، انکار، اقرار، گفتار اور کردار کو بروئے کار لانے میں اہم رول ادا کیا۔ خاتون افسانہ نگاروں کے تخلیقی تسلسل پر نظر ڈالی جائے تو رشید جہاں سے جو سلسلہ شروع ہوتا ہے وہ عصمت چغتائی، قرۃالعین حیدر، ممتاز شیریں، ذکیہ مشہدی، واجدہ تبسم، نگار عظیم، تبسم فاطمہ، ترنم ریاض، ثروت خان اور غزال ضیغم تک آتے آتے نہ صرف ایک مضبوط روایت کی حیثیت اختیار کر لیتا ہے بلکہ معاشرے کی آدھی آبادی کی زندگی اور طرزِ زندگی کی تاریخ بھی بن جاتا ہے۔

***

# ۹

# ادبی تحقیق کے تقاضے

## شمس الرحمن فاروقی

میرا ہرگز یہ منصب نہیں کہ میں ادبی تحقیق کے موضوع پر لب کشائی کروں، اور وہ بھی محققین کے مجمعے میں، جو اس کام میں مصروف ہیں اور شاید پہلے بھی تحقیقی مقالے لکھ چکے ہیں۔ بیشک اہم اور بزرگ محققین کی کمی کے باعث قرعۂ فال مجھ دیوانے کے نام پڑ گیا ہے۔ لہٰذا چند باتیں اپنی محدود استعداد کے مطابق عرض کرتا ہوں۔

پہلی بات تو یہ کہ اردو میں جو تحقیق آج کل ہو رہی ہے، یا تحقیق کے نام پر جو کچھ ہو رہا ہے، میں اس سے مطمئن نہیں ہوں۔ میں جس زمانے میں یونیورسٹی کا طالب علم تھا، ادبیات اور دیگر انسانیاتی علوم (Humanities) کے شعبوں میں تحقیقی مقالہ نگاروں پر جو شرطیں پی ایچ ڈی کے لیے (یا الٰہ آباد یونیورسٹی میں، جہاں کا طالب علم میں تھا) ڈی فل کے لیے عائد کی جاتی تھیں، انھیں چند الفاظ میں اس طرح بیان کیا جا سکتا ہے:

۱. اپنے موضوع کے اعتبار سے نئے حقائق کی دریافت

۲. یا پھر اس موضوع کے بارے میں پہلے سے معلوم حقائق کی نئی تعبیر

میرا خیال ہے یہ باتیں اتنی واضح ہیں کہ ان کی تفصیل بیان کرنا ضروری نہیں۔ لیکن مزید وضاحت کے لیے یہ کہنا غیر مناسب نہ ہوگا کہ 'نئے حقائق' سے مراد وہ حقائق ہیں

جو مطبوعہ آخذ میں نہ ملتے ہوں۔ وہ بات جو کسی مطبوعہ ماخذ میں ملتی ہو، خواہ وہ مطبوعہ ماخذ کتنا ہی کمیاب کیوں نہ ہو، اسے ڈھونڈ کر اس میں سے کوئی بات نکال لانا موجب تحسین تو ہو سکتا ہے لیکن اسے 'نئے حقائق کی دریافت' کا درجہ نہیں دے سکتے۔ اسی طرح، 'پہلے سے معلوم حقائق کی نئی تعبیر' کا مطلب یہ نہیں کہ کسی موضوع پر مختلف اقوال جمع کر دیے جائیں اور آخر میں خلاصۂ کلام کے طور کچھ اپنی بھی رائے دے دی جائے۔ 'نئی تعبیر' کی کم سے کم شرط یہ ہے کہ وہ قابل قبول ہو، موجودہ تعبیروں کے مقابلے میں اقلیتی رائے کی حیثیت رکھتی ہو، یا پھر وہ موجود تعبیروں پر کوئی ایسا اضافہ کرتی ہو جس کی روشنی میں ان تعبیروں کی وقعت یا معنویت میں اضافہ ہو، یا پھر ان حقائق پر نئے طور سے سوچنے کی تحریک پیدا ہو۔

واضح رہے کہ 'تعبیر' سے مراد ایسی تعبیر ہے جو ان حقائق کا پورا احاطہ کرتی ہو جن کی تعبیر پیش کی جا رہی ہے۔ اس کی سب سے مشہور اور بالکل سامنے کی مثال غالب کی غزل ہے۔

نوید امن ہے بیداد دوست جاں کے لیے
رہی نہ طرز ستم کوئی آسماں کے لیے

اس غزل کا آٹھواں شعر ہے۔

بقدر شوق نہیں ظرف تنگنائے غزل
کچھ اور چاہیے وسعت مرے بیاں کے لیے

اس شعر کی یہ تعبیر ایک زمانے میں عام تھی اور اب بھی کچھ لوگ اس کے قائل نظر آتے ہیں کہ غالب نے اس شعر میں غزل کی تنگ دامانی کی شکایت کی ہے۔ یعنی غالب جیسے شخص کو بھی شکوہ ہے کہ غزل بہت تنگ اور محدود صنف سخن ہے یا یہ کہ اس میں

کوئی خرابی ہے، کوئی کمی ہے جس کی بنا پر غزل میں شاعر کو اپنی بات پوری طرح پھیلا کر کہنے کی گنجائش نہیں ملتی۔

اس تعبیر کو درست ہونے کے لیے اولاً یہ ضروری ہے کہ یہ ان حقائق کا پورا احاطہ کرتی ہو جن کی تعبیر پیش کی گئی ہے۔ غزل کے اس شعر کی حد تک 'حقائق' کا پورا احاطہ کرنے سے مراد یہ ہے کہ شعر کے تمام الفاظ کو مناسب اہمیت دی جائے اور ہر لفظ پر پورا غور کیا جائے اور اس کے ممکن معنی دریافت کیے جائیں۔ لہٰذا جس تعبیر کا ذکر میں نے ابھی کیا، یعنی یہ کہ اس شعر میں غالب نے غزل کی تنگ دامانی کا شکوہ کیا ہے، اس کی بنیاد اس بات پر ہونی چاہیے کہ شعر میں 'ظرف تنگنائے غزل' کے لفظ آئے ہیں، اور یہ بھی ہے کہ اس ظرف کو شاعر یا متکلم کے 'شوق' کے مقابلے میں کم لکھا گیا ہے۔ پھر دوسرے مصرعے میں شاعر یا متکلم تقاضا کرتا ہے کہ مجھے اپنے 'بیان' کے لیے 'کچھ اور وسعت' درکار ہے۔ 'شوق' سے مراد ہے، غزل کہنے یا غزل میں مضامین باندھنے کا شوق، اور 'بیان' سے مراد ہے مضامین غزل کا بیان، اور 'وسعت' سے مراد ہے کوئی ایسی صنف سخن جس میں اتنی وسعت ہو کہ شاعر یا متکلم اس میں اپنے 'شوق' کے مطابق خوب تفصیل سے اپنے مضامین بیان کر سکے۔ لہٰذا ثابت ہوا کہ اس شعر میں شاعر یا متکلم غزل کی تنگ دامانی کا شکوہ کر رہا ہے۔

یہ سب کہہ کر ہم اپنے طور پر مطمئن ہو گئے کہ ہم نے شعر میں بیان کیے ہوئے حقائق کا مکمل احاطہ کر لیا ہے اور اس لیے ہماری تعبیر بالکل درست ہے۔ یہاں کوئی کہہ سکتا ہے کہ غالب نے کہیں اور اس طرح کی بات کہی ہو کہ میں غزل کی تنگ دامانی کا شاکی ہوں، تو ہم مانیں کہ اس شعر میں غالب کا شکوہ عمومی شکوہ ہے، کسی مخصوص موقعے پر یہ مخصوص نکتہ غالب نے نہیں بیان کیا ہے۔ اس کے جواب میں ہم کلامِ غالب سے مزید

ثبوت کے طور پر یہ شعر لاتے ہیں۔

نہ بندھے تشنگیِ شوق کے مضموں غالب
گرچہ دل کھول کے دریا کو بھی ساحل باندھا

غالب کے کلام سے یہ سند لا کر ہم نے اپنا دوسرا ثبوت بھی بیان کر دیا کہ غالب کو غزل کی تنگ دامانی کا شکوہ تھا۔ شعر میں صاف کہا جارہا ہے کہ تشنگیِ شوق کے مضمون نہ بندھ سکے، اگرچہ ہم نے مبالغے کی انتہا کر دی۔ لیکن اگر توجہ سے شعر کو پڑھیں تو یہ بات واضح ہو جائے گی کہ اول تو یہ کہ شعر میں 'تشنگیِ شوق' کا ذکر ہے، محض شوق کا نہیں اور دوئم یہ کہ شعر میں غزل کے دامن کی تنگی کا کوئی ذکر نہیں۔ یہاں تو یہ کہا گیا ہے کہ ہماری 'تشنگیِ شوق' اس قدر بے حد و بے نہایت ہے کہ اغراق اور غلو کی تمام حدیں پار کر کے بھی ہم اسے بیان نہ کر سکے۔

یہ خیال رہے کہ 'شوق' عمومی لفظ ہے۔ اس سے کوئی بھی شوق مراد لے سکتے ہیں: جان دینے کا شوق، معشوق سے ملاقات کا شوق، وصل کا شوق، کہیں جانے کا شوق، کوئی بات کہنے کا شوق، وغیرہ۔ اگرچہ لفظ 'شوق' کو اکثر عشقیہ ماحول یا سیاق و سباق میں برتا جاتا ہے، خاص کر شعر میں، لیکن ایسا نہیں ہے کہ یہ لفظ صرف عشق کے معاملات تک محدود ہو۔ لہٰذا 'تشنگیِ شوق' اور شے ہے اور صرف 'شوق' اور شے۔ 'بقدرِ شوق نہیں' اور 'کچھ اور چاہیے وسعت مرے بیاں کے لیے' سے بالکل ظاہر ہے کہ 'بیان' کے شوق کی بات ہو رہی ہے۔ یعنی ایک تو یہ کہ کچھ بیان کرنے کا شوق بہت ہے اور دوسری بات یہ کہ اس بیان کے لیے وسعت بہت درکار ہے۔ غزل کے مضامین کا یہاں کوئی ذکر نہیں۔ صرف 'بیان' سے یہ مراد لینا غلط ہو گا کہ غزل کے مضامین کا بیان مقصود ہے۔ 'مضمون' سے 'بیان' مراد لینے کا کوئی قرینہ شعر میں نہیں۔ تشنگیِ شوق والے شعر میں صاف

صاف 'مضمون' کا ذکر ہے اور معنی یہ ہیں کہ مجھ سے اور کوئی مضمون تو شاید، یا غالباً، بندھ سکتا ہو، لیکن تشنگیِ شوق کے مضامین بیان کرنے کی قوت مجھ میں نہیں ہے۔

اب شعر زیر بحث کو پھر دیکھیں۔

بقدر شوق نہیں ظرف تنگنائے غزل
کچھ اور چاہیے وسعت مرے بیاں کے لیے

اب یہ بات ظاہر ہو جاتی ہے کہ شاعر یا متکلم کو کچھ کہنا مقصود ہے، یا یوں کہیں کہ اسے کسی بات کو کہنے کا شوق بہت ہے، لیکن وہ بات غزل میں بیان نہیں ہو سکتی۔ یعنی بات کسی خاص مضمون یا موضوع کی ہے کہ اس کے لیے یہ غزل کافی نہیں۔ یہاں غزل کی عمومی تنگی کی بات نہیں ہے، ایک مخصوص موقعے کی بات ہے۔

مندرجہ بالا بحث کی روشنی میں ضروری ہو جاتا ہے کہ ہم دیکھیں کہ اس شعر ('بقدر ظرف نہیں') کا ماحول کیا ہے۔ یعنی اگرچہ یہ بالکل لازم نہیں کہ غزل کے شعر باہم مربوط ہوں لیکن چوں کہ شعر میں جو بات کہی گئی ہے وہ کچھ معمّائی سی ہے، اس لیے ہمیں دیکھنا چاہیے کہ اس شعر کے پہلے کیا ہے اور بعد میں کیا ہے۔ چناں چہ جب ہم زیر بحث شعر کے پہلے جو شعر گزرا ہے اس کو دیکھتے ہیں۔

گدا سمجھ کے وہ چپ تھا مری جو شامت آئے
اٹھا اور اٹھ کے قدم میں نے پاسباں کے لیے

ظاہر ہے کہ یہاں ایسا کچھ بھی نہیں ہے جسے 'ظرف تنگنائے غزل' سے متعلق کیا جا سکے۔ اور حقیقت تو یہ ہے کہ جو مضمون بیان کیا گیا ہے وہ اردو کیا، فارسی شاعری میں بھی نہیں باندھا گیا۔ غزل کے مخالفین کچھ بھی کہیں اور غزل میں انسان کی کم وقعتی پر کتنا ہی ماتم کریں، لیکن یہ مضمون اپنی جگہ پر بالکل نیا ہے اور ایسا کہ پہلے تو کبھی بندھا ہی نہ تھا،

بعد میں بھی کسی سے نہ بندھ سکا۔

منقولہ بالا شعر کے بعد وسعتِ بیاں اور تنگنائے غزل کا مضمون ہے جس کی تعبیر میں منقولہ بالا شعر سے ہمیں کوئی مدد نہیں ملتی۔ اس لیے اس سے اگلا شعر دیکھتے ہیں۔

دیا ہے خلق کو بھی تا اسے نظر نہ لگے
بنا ہے عیش تجمل حسین خاں کے لیے

اب بات فوراً آئینہ ہو جاتی ہے۔ پچھلا شعر اس بات کی تمہید تھا کہ میں تجمل حسین خان کی مدح کا شوق بے حد رکھتا ہوں لیکن غزل کا دامن قصیدے کی طرح وسیع نہیں کہ اس میں مختلف طور اور قرینے سے مدح کے مضامین بیان ہو سکیں۔ یعنی یہاں غزل کے دامن کی تنگی کی بات نہیں ہو رہی ہے، غزل اور قصیدے کا فرق بیان ہو رہا ہے۔ غزل بنیادی طور پر عشقیہ مضامین کی شاعری ہے اوراس کی زبان بھی قصیدے کے پر شکوہ اور مغلق الفاظ سے بالعموم ابا کرتی ہے۔ قصیدہ ہوتا تو میں طبیعت کی جولانی دکھاتا، غزل میں کہاں تک اور کس طرح بیان کروں۔ پھر بھی شوق سے مجبور ہو کر چند شعر موزوں کر رہا ہوں۔

یہ بات خیال میں رکھنے کی ہے کہ غالب نے غزل کو تنگ یا قصیدہ یا مثنوی کو اس کے مقابلے میں فراخ نہیں کہا ہے۔ بات یہاں کمیت کی ہے، کیفیت کی نہیں۔ بات قصیدے میں کثرتِ اشعار اور غزل میں نسبتاً قلت اشعار کی ہے۔ اس غزل میں بھی مدح کو ختم کرتے وقت غالب نے یہی کہا ہے کہ لکھنے کے لیے مزید جگہ نہیں مل رہی ہے، ورق ختم ہو گیا۔

ورق تمام ہوا اور مدح باقی ہے
سفینہ چاہیے اس بحر بے کراں کے لیے

لفظ 'سفینہ' بھی یہاں بڑی اہمیت کا حامل ہے۔ یہ 'بحر بے کراں' سے صرف مناسبت ہی نہیں رکھتا، بلکہ اس کے ایک معنی 'مجموعہ' یا 'بیاض' بھی ہوتے ہیں۔ 'بہارِ عجم' میں ہے کہ 'سفینہ' عرف عام میں اس بیاض کو کہتے ہیں جو لمبائی کی طرف سے کھلتی ہے اور جس کی شکل کشتی کی طرح ہوتی ہے۔ یہی معنی 'آنند راج' میں بھی درج ہیں، اس تفصیل کے ساتھ کہ عربی میں لفظ 'سفینہ' کی بہت سی جمعیں ہیں اور لغت نگار نے وہ سب درج کر دی ہیں۔

غزل زیر بحث کا مقطع دیکھیے تو ہماری تعبیر بالکل مکمل ہو جاتی ہے۔

ادائے خاص سے غالب ہوا ہے نکتہ سرا
صلائے عام ہے یاران نکتہ داں کے لیے

یہاں اگرچہ لفظ 'نکتہ' کی تکرار کچھ گراں گزرتی ہے، لیکن معنی بالکل واضح ہیں: غالب نے اس غزل میں کچھ نئے انداز سے نغمہ سنجی کی ہے، یعنی غزل میں قصیدے کے شعر ڈال دیے ہیں۔ اب جو لوگ نکتہ شناس ہیں وہ اس کی داد دیں اور اس طرح کہنے کی کوشش کریں۔

تو جب ایک شعر کی تعبیر میں اس قدر الجھن ہو سکتی ہے تو کسی وسیع الذیل حقیقت یا حقائق کی تعبیر میں کس قدر مسائل پیدا ہو سکتے ہیں، اس کا اندازہ کیا جا سکتا ہے۔ مزید وضاحت کے لیے تاریخ ادب سے ایک مثال لیتے ہیں۔

جب تک میر اور قائم کے تذکرے چھپ کر عام نہیں ہوئے تھے، ولی کے بارے میں عام لوگوں کی معلومات کا ماخذ مولانا محمد حسین آزاد کی تصنیف 'آبِ حیات' تک محدود تھا۔ مثلاً یہ بات مصدقہ طور پر معلوم نہ تھی کہ ولی کتنی بار دہلی آئے اور پہلی بار کب آئے۔ مولانا محمد حسین آزاد 'آبِ حیات' میں لکھتے ہیں:

"ولی احمد آباد گجرات کے رہنے والے تھے اور شاہ وجیہ الدین کے مشہور خاندان سے تھے۔ یہ اپنے وطن سے ابوالمعالی کے ساتھ دہلی میں آئے۔ یہاں شاہ سعد اللہ گلشن کے مرید ہوئے۔ شاید ان سے شعر میں اصلاح لی ہو۔ مگر دیوان کی ترتیب فارسی کے طور پر یقیناً ان کے اشارے سے کی۔"

اس آخری جملے پر آزاد کا حاشیہ ہے: 'دیکھو تذکرۂ فائق کہ خاص شعراے دکن کے حال میں ہے اور وہیں تصنیف ہوا ہے۔' لیکن مشکل یہ ہے تذکرۂ فائق نامی کسی کتاب سے کوئی واقف نہیں ہے۔ نگار پاکستان کے 'تذکروں کا تذکرہ' نمبر مطبوعہ ۱۹۶۴ میں فرمان فتح پوری نے تمام معلوم تذکروں کی فہرست دی ہے اور پھر ان کا حال لکھا ہے۔ صفحہ ۴ پر کسی 'مخزنِ شعرا' مرقومہ ۱۲۹۷ھ بہ مطابق ۱۸۸۰ کا ذکر ہے اور مصنف کا نام نورالدین خان فائق بتایا ہے۔ لیکن کتاب کے متن میں اس تذکرے کا کوئی حال نہیں۔ فہرست میں 'مخزن شعرا' کا اندراج بھی اپنی مناسب جگہ پر نہیں ہے، کیوں کہ اس کے بعد بھی کئی تذکرے ایسے درج ہیں جو ۱۸۸۰ کے بہت پہلے لکھے گئے۔ ۱۸۸۰ میں تحریر کردہ (یا شائع شدہ) تین تذکروں کے نام فہرست میں درج ہیں: 'طورِ کلیم'؛ 'بزمِ سخن' اور خود 'آبِ حیات'۔ فائق کے تذکرے کا نام یہیں آنا چاہیے تھا لیکن وہ اپنی جگہ سے بہت پہلے آگیا ہے اور اس کے آگے کوئی صفحہ نمبر بھی نہیں ہے، صرف ۲۰ لکھا ہے۔

محمد حسین آزاد پر اسلم فرخی مرحوم کی مبسوط دو جلدی کتاب میں بھی نور الدین خان فائق یا 'مخزنِ شعرا' کا کوئی ذکر نہیں۔ نہ ہی مسعود حسن رضوی ادیب کی کتاب 'آبِ حیات کا تنقیدی مطالعہ' یا قاضی عبد الودود کی 'محمد حسین آزاد بحیثیت محقق' میں فائق کا کوئی ذکر ملتا ہے۔ ہمارے یہاں جن لوگوں نے ولی پر تحقیقی نظر ڈالی ہے، انھوں نے اس معاملے پر کوئی توجہ نہیں کی۔ ورنہ یہ تذکرہ (اگر واقعی ایسا کوئی تذکرہ ہے اور بقول آزاد وہ

'خاص شعرائے دکن کے حال میں ہے') حاصل ہو سکتا تو ولی اور شاہ گلشن کی مبینہ ملاقات اور شاہ صاحب کے اس مشورے کے بارے میں کہ ولی اپنا دیوان 'فارسی کے طور پر' ترتیب دیں، کچھ زیادہ تفصیلی اور زیادہ معتبر بات معلوم ہو سکتی تھی۔

جیسا کہ میں نے ابھی عرض کیا، اس وقت تو ولی کی دہلی (پہلی اور اغلباً واحد) آمد کے بارے میں ہمارے پاس 'آبِ حیات' کے بعد جو دو اطلاعات ہیں وہ میر اور قائم کے تذکروں پر مبنی ہیں۔ میر کا بیان درج ذیل ہے۔ اس کے بعد میں قائم کا بیان نقل کروں گا:

"ولی (محمد، ملک الشعرا) شاعر ریختہ (زبردست) (صاحب دیوان) از خاک اورنگ آباد است۔ می گویند کہ در شاہجہان آباد نیز آمدہ بود۔ بخدمت میاں (شاہ) گلشن صاحب رفت و از اشعار خود پارۂ خواند۔ میاں صاحب فرمود (ندکہ) ایں ہمہ مضامین فارسی کہ بیکار افتادہ اند، در ریختہ (ہائے) خود بکار ببر۔ از تو کہ محاسبہ خواہد گرفت۔" ('نکات الشعرا' از میر محمد تقی میر، مرتبہ و مدونہ پروفیسر محمود الٰہی، ادارۂ تصنیف، دہلی ۶، ۱۹۷۲، ص ۹۱)

"شاہ ولی اللہ، ولی تخلص، شاعرے ست مشہور، مولدش گجرات است۔ گویند بہ نسبت فرزندی شاہ وجیہ الدین گجراتی، کہ از اولیائے مشاہیر است، افتخارہا داشت۔ در سنہ چہل و چہار از جلوس عالمگیر بادشاہ، ہمراہ میر ابو المعالی، نام سید پسرے کہ دلش فریفتۂ او بود، بہ جہان آباد آمد۔ گاہ گاہ بزبان فارسی دو سہ بیت در وصف خط و خالش می گفت۔ چوں در آنجا ملازمت حضرت شیخ سعد اللہ گلشن قدس سرہٗ مستعد گردید، بگفتن شعر بزبان ریختہ امر فرمودند و ایں مطلع تعلیماً موزوں کردہ حوالۂ او نمودند

خوبیِ اعجاز حسن یار گر انشا کروں
بے تکلف صفحۂ کاغذ یدِ بیضا کروں

('مخزن نکات' از قائم چاندپوری، مرتبہ و مدوّنہ اقتدا حسن، لاہور، مجلس ترقی ادب، ۱۹۶۶، متن صفحہ ۲۱ تا ۲۲)

ان دو عبارتوں میں کئی تضاد اور کئی اختلافات ہیں۔ ان کو مختصراً یوں بیان کیا جا سکتا ہے:

۱. میر کا کہنا یہ ہے کہ ولی جب دلی آئے تو شاعر تھے۔ لیکن شاہ صاحب نے ان کے اشعار سن کر مشورہ دیا کہ فارسی میں مضامین بھرے پڑے ہیں، انھیں کیوں نہ استعمال کرو۔ میر کو یہ نہیں معلوم کہ ولی اور گلشن کی ملاقات دلی میں کب ہوئی۔

۲. قائم کہتے ہیں کہ ولی جب دہلی پہنچے تو وہ ریختہ کے شاعر ہی نہیں تھے، نہ ہی وہ با قاعدہ فارسی گو تھے۔ ہاں کبھی کبھی ایک دو بیت فارسی میں شاہ ابو المعالی کی ثنا و صفت میں کہہ لیتے تھے۔ شاہ گلشن نے 'مضامین فارسی' کو بکار لانے کے باب میں ولی کو کچھ مشورہ نہ دیا، البتہ ایک مطلع بطور تعلیم موزوں کر کے ان کو عطا کیا۔

۳. ولی کے دہلی آنے کی تاریخ کے بارے میں میر کو کچھ نہیں معلوم۔ ان کا بیان ہے کہ 'لوگ کہتے ہیں' کہ وہ شاہجہان آباد دہلی بھی آئے تھے۔ اس کے بر خلاف قائم نے پورے وثوق سے کہا ہے کہ ولی اورنگ زیب عالمگیر کے چوالیسویں سالہ جلوس میں دہلی آئے۔ معمولی گنتی کرنے سے معلوم ہو جاتا ہے کہ یہ سال ۱۱۱۲ ہجری اور ۱۷۰۰ حالی تھا۔ چوں کہ ولی کے ورودِ دہلی کے بارے میں ہمیں کوئی اور قطعی اطلاع نہیں، اس لیے سب اسی تاریخ کو مانتے ہیں۔

لیکن مشکل یہ ہے کہ ان تضادات کا کیا ہو؟ میر کہتے ہیں شاہ صاحب نے ولی سے کہا کہ فارسی کے مضامین کیوں نہیں لکھتے ہو؟ قائم کہتے ہیں کہ ولی اس وقت تک ریختہ گو تھے ہی نہیں، چہ جائے کہ شاہ صاحب ان کا کلام سنیں اور کوئی مشورہ دیں۔ لیکن یہ انھوں نے

ضرور کہا کہ ریختہ کہو اور ان کو تعلیماً ایک مطلع بھی کہہ کر دیا۔

اس بات کی اہمیت اس وجہ سے ہے کہ دہلی والوں نے میر اور قائم کے بیانات کی بنیاد پر یہ فیصلہ کیا (اور یہ فیصلہ اب تک رائج ہے) کہ ولی کچھ نہ تھے اور کچھ نہ ہوتے اگر وہ دہلی نہ آئے ہوتے اور انھوں نے شاہ سعد اللہ گلشن سے فیض نہ حاصل کیا ہوتا۔

مجھے نہیں معلوم کہ ہمارے کسی محقق نے میر اور قائم کے تضادات اور اختلافات پر غور کیا ہو۔ محمد اکرام چغتائی، جو مورخ ہیں اور ادبی محقق کے زمرے میں نہیں آتے، انھوں نے ضرور لکھا ہے کہ ۱۱۱۲ھ میں شاہ گلشن صاحب دہلی میں تھے ہی نہیں، وہ دکن کی سیاحت کر رہے تھے۔ لہٰذا دہلی میں شاہ صاحب اور ولی کی ۱۱۱۲ میں ملاقات ممکن ہی نہیں ہے۔ اقتدا حسن نے چغتائی کے مضمون مطبوعہ 'اردو نامہ' بابت مارچ ۱۹۶۶ کا حوالہ اسی صفحے پر حاشیے میں دیا ہے جہاں سے میں نے قائم کا بیان نقل کیا۔ دوسرے صاحب ڈاکٹر محمد صادق ہیں جنھیں ہم ان کی تاریخ ادب اردو بزبان انگریزی کے حوالے سے جانتے ہیں۔ محقق انھیں کوئی نہیں مانتا۔ یوں بھی، وہ انگریزی کے پروفیسر تھے، اردو والے انھیں اپنا آدمی بھلا کب مان کے دیتے؟ لیکن 'تاریخ ادبیات مسلمانان پاکستان و ہند' جلد ششم، مطبوعہ پنجاب یونیورسٹی، لاہور کے صفحہ ۵۳۰ اور پھر صفحہ ۵۳۲ پر صادق صاحب لکھتے ہیں:

"تذکرہ نگار اس بات پر متفق ہیں کہ ولی کا سفر دہلی، نہ صرف اس کی شاعری میں بلکہ اردو شاعری کی تاریخ میں بھی ایک حد فاصل کی حیثیت رکھتا ہے میری رائے میں [شاہ گلشن کی] یہ مفروضہ ہدایات اہالیان دہلی کی اختراعات ہیں۔ ان کا منشا (غیر شعوری طور پر ہی سہی) یہ ہے کہ اردو شاعری کی اولیت کا سہرا دہلی ہی کے سر رہے۔"

میں چودھری محمد نعیم کا ممنون ہوں (اگرچہ مستعمل معنی میں محقق وہ بھی نہیں

ہیں) کہ انھوں نے ڈاکٹر صادق کی عبارت کی خبر مجھے دی۔ لیکن میں اردو کے محققین سے پوچھتا ہوں کہ انھوں نے 'آب حیات' اور 'نکات الشعرا' اور 'مخزن نکات' کے بیانات پر آنکھ بند کر کے کیوں یقین کر لیا؟ آزاد کا تعصب تو اس بات سے ظاہر ہے کہ ایک طرف تو وہ یہ کہتے ہیں کہ ولی نے 'دیوان کی ترتیب فارسی کے طور پر یقیناً ان [شاہ سعد اللہ گلشن] کے اشارے سے کی' اور دوسری طرف وہ یہ بھی کہتے ہیں کہ ولی نے یہ تو لکھا ہے کہ میں شاہ سعد اللہ گلشن کا شاگرد ہوں' مگر یہ نہیں لکھا کہ کس امر میں۔ 'اس صورت میں اس بات کا امکان کتنا رہ جاتا ہے کہ کوئی شخص، جو فن شعر میں کسی کا استاد نہ ہو، وہ اسے اتنا مہتم بالشان مشورہ دے ڈالے کہ فارسی میں مضامین پڑے ہیں انھیں بے تکلف لوٹو اور اپنا گلشن شاعری آراستہ کرو۔

قائم نے تو کہہ دیا کہ شاہ گلشن سے ملاقات کے پہلے ولی ریختہ کے شاعر ہی نہ تھے، لیکن آزاد خود کہہ رہے ہیں کہ ولی نے ایک شعر میں ناصر علی سرہندی کو کھل کر چنوتی دی ہے

اچھل کر جا پڑے جوں مصرع برق
اگر مصرع لکھوں ناصر علی کوں

'کلیات ولی' مرتبہ نورالحسن ہاشمی مطبوعہ لاہور، ۱۹۹۶، صفحہ ۱۹۵ پر یہ شعر یوں درج ہے

پڑے سن کر اچھل جیوں مصرع برق
اگر مصرع لکھوں ناصر علی کوں

بے شک یہ شعر آزاد کے روایت کردہ شعر سے بہتر ہے، لیکن بنیادی بات یہ ہے کہ ایسا شعر ناصر علی کے زمانۂ حیات ہی میں کہا گیا ہوگا۔ ناصر علی سرہندی کا سال

وفات ۱۶۹۶ ہے۔ اس طرح یہ بات بالکل صاف ہے کہ ۱۶۹۶ تک (یعنی دہلی آنے سے کم از کم چار سال پہلے) ولی شعر گوئی میں اتنے مشاق اور مستحکم ہو چکے تھے کہ اپنے زمانے کے ایک بہت بڑے فارسی استاد کو اس طرح للکار سکتے۔

مندرجہ بالا بحث سے ثابت ہوتا ہے کہ 'نئے حقائق کی دریافت' ہو، یا 'پہلے سے معلوم حقائق کی نئی تعبیر'، ولی کے بارے میں ان دونوں شرائط کا حق 'آب حیات' اور 'نکات' اور 'مخزن' میں درج کردہ بیانات کی تحقیق کی حد تک ہم سے ادا نہیں ہو سکا ہے۔ ڈاکٹر محمد صادق نے کھلے طور پر دہلی والوں کے تعصب کو اس کا ذمہ دار بتایا ہے۔ لیکن اس کو کیا کیا جائے کہ جو دہلی والے نہیں بھی ہیں وہ بھی میر اور قائم کے اختراع کردہ افسانوں سے متاثر ہوئے بغیر نہ رہ سکے۔ چناں چہ تبسم کاشمیری اپنی تاریخ میں لکھتے ہیں:

"شمال کے اس سفر کی داستان خواہ کچھ ہی کیوں نہ ہو، یہ بات ظاہر ہے کہ شمالی ہند کے ادبی ماحول، تہذیبی فضا اور شعری اسالیب سے ولی نے بہت کچھ سیکھا ہوگا۔"

یعنی اب بات 'تھا' سے 'ہوگا' تک آگئی، لیکن بات رہی وہی پہلے سی۔ لطف یہ ہے کہ اسی صفحے پر تبسم کاشمیری نے یہ بات کہی ہے کہ 'یہ ولی کا کمال تھا کہ اس نے شمالی ہند میں فارسی روایت کے مغرور علما اور شعرا کو جھنجھوڑ کر رکھ دیا۔'

بھلا 'بہت کچھ سیکھنے' میں 'جھنجھوڑ کر رکھ دینے' کا عنصر کہاں رہا ہوگا؟ لیکن ظاہر ہے ولی رہے پھر بھی دہلی کے ممنون احسان کہ بقول ناصر نذیر فراق، ورود دہلی کے پہلے ولی شاعر ہی نہیں تھے، وہ جو کچھ ہیں انھیں دہلی نے بنایا۔ جمیل جالبی نے اپنی تاریخ میں اس بات کو ثابت کرنے کے لیے بہت زور لگایا ہے کہ ولی کا انتقال ۱۷۰۷/۱۷۰۸ کے بہت بعد ہوا ہوگا، کیونکہ اگر وہ دہلی پہنچنے کے کچھ ہی عرصہ بعد راہی ملک عدم ہوئے تو بھلا انھوں نے وہ سارا کلام کب کہا ہوگا جو کمیت میں خاصا ہے اور جس پر بقول جالبی صاحب،

دہلی کا اثر صاف نظر آتا ہے؟ لیکن حقیقت بہ ہر حال یہی ہے کہ ولی کا مکمل ترین کلام جس مخطوطے میں ملتا ہے اس کی تاریخ کتابت ۱۷۰۹ ہے۔ اس کے بعد اگر وہ جئے ہوتے اور انھوں نے کچھ کہا ہوتا تو وہ کہیں تو ملتا۔

فن تحقیق پر ہمارے یہاں کئی کتابیں اور کئی مضامین ہیں۔ تقریباً سب میں دیانت داری پر زور دیا گیا ہے لیکن مجرد دیانت داری کسی کام کی نہیں۔ دیانت داری کی سب سے پہلی شرط یہ ہے کہ پوری اور سخت چھان بین کے بغیر کسی ایسی بات کو، یا کسی ایسے نتیجے کو نہ قبول کر لیا جائے جو ہمارے دل کو بھاتا ہو بلکہ ایسے نتیجے کو ہمیشہ شک کی نگاہ سے دیکھنا چاہیے جو ہمارے حسب دلخواہ ہو۔ ہماری ادبی تحقیق کی تاریخ میں ایسی مثالیں بہت ہیں کہ محقق نے پوری ایمان داری کے ساتھ کسی نتیجے کو اس لیے قبول کیا کہ وہ اس کے معتقدات کے موافق تھا، یعنی اس کا خیال تھا کہ اس چیز کو ایسا ہی ہونا چاہیے۔

داغ پر ہم لوگوں کی خامہ فرسائیاں اس کی مثال ہیں۔ انگریزی تاریخیں یا انگریزوں سے متاثر تاریخیں پڑھ پڑھ کر ہم لوگوں نے یقین کر لیا کہ بہادر شاہ ظفر کے زمانے میں لال قلعہ ہر طرح کی بد اطواری اور تعیش پسندی اور ذہنی انحطاط کا صدر مقام تھا۔ پھر ہم لوگوں نے پڑھا کہ داغ کی ماں نے ایک شہزادے سے شادی کر لی اور قلعہ میں جا رہیں اور داغ بھی ان کے ساتھ تھے۔ لہٰذا داغ کی نشو ونما لال قلعے میں ہوئی۔ داغ کے بارے میں یہ کہا گیا:

"مغلیہ حکومت کا یہ آخری دور تھا۔ شمشیر و سناں سے گزر کر طاؤس و رباب میں شاہی خاندان مصروف تھا۔ رقص و سرود کی محفلیں، قلعے کی بیگمات، خواصیں، چونچلے، رنگ رلیاں، اس ماحول میں شہزادوں کے ساتھ داغ نے بھی بارہ سال گزارے۔"

ہم لوگوں کے خیال میں اس کا لازمی نتیجہ یہ ہونا چاہیے تھا کہ قلعے والوں کی تمام

بری باتیں داغ کی طینت میں پیوست ہو جائیں۔ مندرجہ بالا رائے کا بلاواسطہ یا بالواسطہ پرتو داغ کے بارے میں ہر تحریر میں ملتا ہے۔ یہ الگ بات ہے کہ اقتباس کی سب باتیں غلط ہیں سوا اس کے کہ داغ نے قلعے میں بارہ سال گزارے۔ اگر ذرا سی بھی کاوش کی جاتی تو داغ کے بارے میں ہمارے نتائج بالکل مختلف ہو سکتے تھے۔ لیکن جو نتیجہ ہم نے نکالا وہ جذباتی طور پر ہمارے لیے قابل قبول تھا کہ داغ تو ہنسی ٹھٹھول کے شاعر تھے، ان کے کلام میں مضامین بلند نہیں ہیں۔ اسی لیے وہ ارباب نشاط میں بہت مقبول تھے۔ مزید کاوش کی ضرورت نہ سمجھی گئی۔ داغ کا دیوان کھولنے کی زحمت کون کرتا۔

یہیں سے محقق کے منصب کے بارے میں دوسری اہم بات بھی سامنے آتی ہے: جو نتیجے اور فیصلے پہلے سے موجود ہیں یا ہم نے ورثے میں پائے ہیں، ان پر آنکھ بند کر کے یقین نہ کر لینا چاہیے۔ کوئی روایت، خواہ وہ بظاہر کتنی ہی دلکش یا کتنی ہی مستند کیوں نہ ہو، اسے اسی وقت قبول کرنا چاہیے جب اپنی ذاتی تحقیق اس کی تصدیق کر دے۔ ہمارے یہاں کتاب پر اعتماد کی رسم بہت مستحکم ہے۔ کسی مبتدی طالب علم کے لیے تو یہ طریق عمل بہت مناسب ہے، لیکن محقق کا یہ منصب نہیں۔ یہ بھی ہے کہ ادبی تہذیب میں بعض باتیں غیر معمولی شہرت حاصل کر لیتی ہیں، خواہ وہ کسی کتاب میں نہ ہوں۔ انسان کا مزاج ایسا ہے کہ وہ مشہور باتوں پر، یا لکھی ہوئی باتوں پر یقین کر لینے پر بہت مائل رہتا ہے، خاص کر اگر ایسی باتیں دلکش یا ڈرامائی انداز میں بیان کی گئی ہوں۔ محقق کو اس کمزوری سے مبرا ہونا چاہیے۔

ہمارے جدید شعرا میں میراجی ایک ایسے ہیں جن کی شخصیت کی بارے میں خاکے کے نام پر بہت کچھ لکھا گیا ہے اور وہ کم و بیش سب کا سب حقیقت کے طور پر قبول کر لیا گیا ہے۔ اس کی وجہ یہی ہے کہ میراجی کا افسانہ پہلے بنا، خاکے بعد میں لکھے گئے۔ یعنی ان کی

شخصیت میں کچھ ایسی بات تھی، اسے اسرار کہیے، کشش کہیے، یا توجہ انگیزی کہیے، لیکن کچھ ایسا ضرور تھا کہ لوگوں کو ان کے بارے میں طرح طرح کی باتیں مشہور کرنے میں مزہ آتا تھا۔ لیکن غور کرنے کی بات یہ ہے کہ ہر خاکہ ان کی زندگی کی کسی منزل پر لکھا گیا ہوگا، وہ ان کی پوری زندگی کو محیط نہیں ہو سکتا۔ لیکن اکثر لوگوں نے ہر خاکے کو میراجی کی پوری شخصیت کی تصویر سمجھ لیا ہے۔ ہر چند کہ میراجی کی تخلیقی شخصیت تو دور رہی، ان خاکوں سے ان کی پوری زندگی کی بھی فہم نہیں حاصل ہو سکتی۔ مثلاً کہا گیا کہ میراجی اپنی پتلون کی جیبیں کٹوا دیا کرتے تھے۔ ممکن ہے ایسا ہو، لیکن کون سے میراجی؟ بمبئی کے میراجی، یا دہلی کے میراجی، یا حلقۂ ارباب ذوق کے میراجی، یا 'ادب لطیف' کے مدیر میراجی؟ بعض لوگوں نے کہا کہ ان کی نظمیں مبہم ہوتی تھیں اور انھیں ابہام بہت پسند تھا۔ وہ اپنی بات کو گھما پھرا کر کہنا پسند کرتے تھے۔ لیکن 'مشرق و مغرب کے نغمے' میں جو میراجی ہیں وہ تو انتہائی شفاف نثر لکھتے ہیں۔ ایک صاحب نے ان کی کتاب 'اس نظم میں' کا صرف نام سن لیا، اور چوں کہ یہ مفروضہ بہت مشہور تھا کہ میراجی کا کلام مشکل اور مبہم ہوتا تھا، لہٰذا انھوں نے کتاب پڑھنے کی زحمت کیے بغیر لکھ دیا کہ میراجی کا کلام اس قدر مشکل تھا کہ انھوں نے مجبوراً خود ہی 'اس نظم میں' نامی ایک کتاب لکھی اور اس میں اپنی نظموں کے معنی بیان کیے۔

ہمارے یہاں پہلے زمانے کی ادبی تاریخ کے بارے میں اس طرح کی حکایتیں بہت مشہور ہیں کہ مثلاً انشا آخری عمر میں بالکل بدحال اور مجنون ہو گئے تھے، یا غالب نے آخیر آخیر میں طرز میر اختیار کیا، یا اردو 'لشکری زبان' ہے کیونکہ 'اردو' کے معنی 'لشکر' ہیں۔ محقق کو یہ اصول ہمیشہ مدّ نظر رکھنا چاہیے کہ جو بات جتنی ہی مشہور ہو گی، اتنا ہی قوی امکان اس بات کا ہو گا کہ وہ غلط ہو گی لیکن ہمارے محققین نے اس اصول کو اکثر نظر

انداز کر دیا ہے۔

آج ہماری زبان پر کڑا وقت پڑا ہے۔ اور اس کی وجہ سیاسی یا سماجی نہیں بلکہ خود ہم لوگوں کی سہل انگاری اور ہم میں غور و تحقیق کی کمی ہے۔ آج اردو پڑھنے والے کم نہیں ہیں اور ان کی تعداد روز بروز بڑھ رہی ہے۔ اور یہ بھی غلط ہے کہ اردو پڑھے ہوئے شخص کو معاش نہیں ملتی۔ ہمارا اصل مسئلہ یہ ہے کہ ہمارے پاس اچھے پڑھانے والے نہیں ہیں۔ ہم میں سے ہر ایک کو جیسی بھی ہو، ٹوٹی پھوٹی ڈگری حاصل کر لینے اور پھر تلاش معاش کے لیے جوڑ توڑ میں لگ جانے کی جلدی ہے۔ آج کل ہماری یونیورسٹیوں میں جن موضوعات پر تحقیق ہو رہی ہے اور جس طرح کی تحقیق ہو رہی اس میں بھاری اکثریت 'فلاں کی حیات اور کارنامے' قسم کی ہے اور اس سے بھی بڑھ کر اب کم حقیقت اور زندہ لوگوں کے 'کارناموں' کے الگ الگ پہلوؤں پر تحقیقی مقالے لکھے جا رہے ہیں۔ مثلاً 'فلاں کی افسانہ نگاری'، پھر اسی شخص کی شاعری، پھر اسی شخص کی تحقیق، وغیرہ الگ الگ موضوع بن گئے ہیں۔ زندوں بچاروں پر یوں لکھا جا رہا ہے گویا اب انھوں نے اپنا کام پورا کر لیا اور اب ہم ان کے 'کارناموں' کا مکمل احاطہ کر سکتے ہیں۔

دوسرا مسئلہ یہ ہے کہ ایک ہی موضوع پر ایک ہی یونیورسٹی میں، یا مختلف یونیورسٹیوں میں تحقیق کی داد دی جا رہی ہے۔ ظاہر ہے کہ ایسی صورت میں تحقیقی مقالوں میں نئی بات کیا، تنوع بھی نہ ہو گا۔ 'چبائے ہوئے نوالے'، 'چچوڑی ہوئی ہڈیاں' جیسے فقرے ایک زمانے میں ہماری شاعری کے بارے میں استعمال ہوتے تھے۔ اب یہی فقرے ہمارے تحقیقی مقالوں پر صادق آتے ہیں۔

'فکر و تحقیق' کا تازہ نمبر ناول کے بارے میں ہے۔ اس میں ایک حصہ ان تحقیقی مقالوں کی فہرست پر مشتمل ہے جو ناول سے متعلق کسی موضوع پر مختلف یونیورسٹیوں

میں لکھے گئے ہیں۔ اس فہرست کو دیکھ کر عجب بے چارگی اور مایوسی کا احساس ہوتا ہے۔ شروع کے صرف تین صفحوں میں مندرج موضوعات کا نمونہ ملاحظہ ہو:

- اردو میں خواتین ناول نگار، ان کے ادبی اور فنی کارنامے
- جدید اردو ناول میں سماجی افکار کا تنقیدی جائزہ
- اردو ناولوں میں گھریلو زندگی
- اردو ناول میں نسوانی کردار
- نذیر احمد کے ناولوں میں نسوانی کردار
- اردو ناولوں میں نسوانی کرداروں کا نفسیاتی اور سماجی جائزہ، نذیر احمد سے ۱۹۷۵ تک
- ڈپٹی نذیر احمد کے ناولوں میں تمثیلی کردار
- اردو ناول کا سیاسی و سماجی پس منظر، ابتدا سے ۱۹۴۷ تک
- نذیر احمد کے ناولوں میں سماجی بصیرت
- اردو ناولوں میں ہندوستانی زندگی کا عکس
- نذیر احمد کے ناولوں کے نسوانی کردار
- نذیر احمد بحیثیت اخلاقی ناول نگار
- نذیر احمد کے ناولوں میں سماجی اقدار
- اردو ناولوں پر مغربی اثرات، ۱۹۳۵ سے ۱۹۸۰ تک
- قرۃ العین حیدر کے ناولوں میں نسوانی کرداروں کا جائزہ
- اردو ناول میں انگریزی ناول کے اثرات
- اردو ناول میں ترقی پسندانہ عناصر

اردو ناول پر ترقی پسندانہ عناصر (موضوع بظاہر ایک ہے، نگراں بھی ایک ہے، سال بھی ایک ہے، صرف 'محقق' صاحب کا نام مختلف ہے۔)

اردو ناول کا سماجی پس منظر آزادی کے بعد

اس فہرست کے بعد کچھ مزید کہنے کی ضرورت شاید نہ ہو۔ جیسا کہ آپ دیکھ سکتے ہیں، ان موضوعات میں بے حد یکسانی ہے اور ان کو دو یا زیادہ سے زیادہ تین عنوانات کے تحت تقسیم کیا جاسکتا ہے: سماجی مطالعہ؛ کرداروں کا مطالعہ؛ اور اردو ناول پر بیرونی اثرات۔ آپ یہ بھی دیکھ سکتے ہیں کہ یہ سب موضوعات نہایت سطحی ہیں اور یہ بھی کہ اکثر میں ایک ہی شخص (یعنی نذیر احمد) کو بار بار معرض گفتگو میں لایا گیا ہے۔ ایسے تحقیقی مقالوں میں نئ دریافت، یا پرانی دریافتوں کی نئ تعبیر کا امکان دور دور تک نہیں۔ بے خوف تردید کہا جاسکتا ہے کہ ان مقالوں میں اگر کوئی بہت اعلا درجے کے ہیں، ان میں کچھ معلومات تو شاید ملتی ہوں، لیکن علم نام کی کوئی شے ان میں سے کسی بھی مقالے میں دستیاب نہیں ہوسکتی۔

کوئی بھی شخص کہہ سکتا ہے کہ ہماری یونیورسٹیوں میں تحقیق کی یہ صورت حال ہمیں بہت سنجیدگی سے دروں بینی اور خود احتسابی کا تقاضا کرتی ہے۔ لیکن مجھے خوف ہے کہ ہمارے اساتذہ اور ارباب حل و عقد ان اصطلاحوں سے واقف نہیں ہیں۔

***

اردو ادب کے متنوع اور جدید رجحانات پر منتخب مضامین

# اردو ادب : نئے افق

مرتبہ : مکرم نیاز

بین الاقوامی ایڈیشن جلد منظر عام پر آ رہا ہے